《千字文》研习社

字里有乾坤　下笔书春秋

配套学习
详解《千字文》精选音视频资源助力学习

蒙学趣测
国学知多少经典启蒙知识等你通关

指尖练字
《千字文》时刻练书写提升持之以恒

说史解字
「字」从遇见你看央视挖掘背后的文化密码

细说
《千字文》

宇宙洪荒

徐强 / 著

第一册

麦搭题

抖音／微信扫码
加入《千字文》研习社

广西科学技术出版社
·南宁·

图书在版编目（CIP）数据

字里有乾坤：细说《千字文》. 第一册 / 徐强著. —
南宁：广西科学技术出版社，2023.11
ISBN 978-7-5551-2066-7

Ⅰ. ①字… Ⅱ. ①徐… Ⅲ. ①《千字文》—研究
Ⅳ. ①H194.1

中国国家版本馆CIP数据核字（2023）第202262号

ZI LI YOU QIANKUN

字里有乾坤

XI SHOU《QIANZIWEN》DI-YI CE

细说《千字文》　第一册

徐强　著

责任编辑：何杏华　　　　　　责任校对：冯　靖
责任印制：韦文印　　　　　　装帧设计：韦娇林
设计制作：吴　康　　　　　　封面题签：徐联雄
特约组稿：徐恩民　甘威治

出　版　人：梁　志
出　　　版：广西科学技术出版社
社　　　址：广西南宁市东葛路 66 号　　邮政编码：530023
网　　　址：http://www.gxkjs.com

印　　　刷：广西彩丰印务有限公司

开　　　本：787mm×1092mm　　1/16
字　　　数：196 千字　　　　　　印　张：13.25
版　　　次：2023 年 11 月第 1 版
印　　　次：2023 年 11 月第 1 次印刷
书　　　号：ISBN 978-7-5551-2066-7
定　　　价：68.00 元

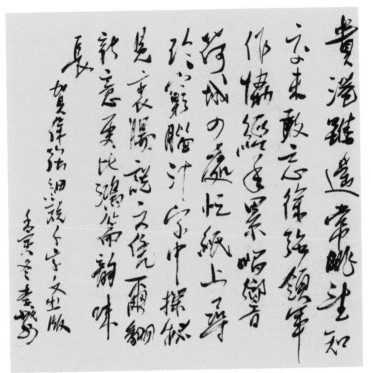

李城外为本书题诗："贵港虽遥常眺望，知交未敢忘徐强。领军作协经年累，唱响荷城四处忙。纸上寻珍穷脑汁，字中探秘见衷肠。说文凭尔翻新意，更比鸿篇韵味长。"

本书作者徐强和李城外合影（李城外，作家、学者，我国五七干校研究权威专家，湖北省向阳湖文化研究会会长，贵港市作家协会名誉主席）

杨学明教授为本书录制音频

本书作者徐强与杨学明教授合影

每个汉字告诉我的，我将告诉每一个人

（代序）

北宋科学家沈括在《梦溪笔谈》里说，翰林学士梅询有一天要起草很多公文，却感觉思维迟钝，无从下笔，于是拿着文稿，一边走路一边构思。走着走着，突然看见前边有个老兵躺在地上伸懒腰、晒太阳，梅询很是感慨，长叹一声说："真是快活啊！"然后他问老兵："你认得字吗？"老兵说："不认得。"梅询又感叹道："那就更快活了！"

梅询为公文所累，所以觉得不认识字是一件幸福的事情。苏轼说"人生识字忧患始"，人学会了认字，有了知识和思想，就会思考人生与社会，如果所思所想和所见所闻发生冲突或者矛盾，那么，种种担忧即随之而来。所谓"生年不满百，常怀千岁忧"，倒不如大字不识一个、无忧无虑过日子来得舒坦。

还好，人生的光阴即将虚度半百，我至今还没有被文字所累的感觉，也不觉得认字、识字、与文字打交道让我吃了多大的苦头。这或许和我的成长经历有关，也和我的性格有关。

我是一个来自农村的孩子。我出生的村庄名叫蟠龙村，听起来颇有"虎踞龙盘"的气势，其实那是一个山清水秀的地方。老家的屋后是青翠的山岭，家门前有一条静静地向北流淌的大河。我在青山绿水间，度过了快乐的童年。那时候，村里有一所小学的分校就在我家旁边，每天书声琅琅，打破了小村庄的寂静。我还没有到上学的年龄，只能趴在窗外偷听老师讲课。看着黑板上工工整整的粉笔字，我觉得坐在教室里听课是一件美好的事情。有时候在破败不堪、苍蝇成群的茅坑蹲着，发现地上印有文字的纸片，我也能好奇地盯上老半天，全然不顾光线昏暗的狭小空间里令人窒息的恶臭。20世纪

70年代，乡村的物质生活是十分艰苦的，但就在这清贫而质朴的环境中，懵懂的我朦胧地对文字产生了兴趣。

从上小学开始，我就长久地离开了我出生的这个小村庄，踏上漫长的求学之路。我觉得我一直都是幸运的，因为我遇到了很多好的老师，他们是我人生的启蒙者、教育者、引领者。我曾经是一个淘气的孩子，身上有着种种顽童的恶劣习性，没少让父母操心和生气，是老师们传授我知识，陪伴我成长，循循善诱，苦口婆心。我对教过我的每一位老师，心存感激，没齿难忘。

对我影响最大的，是广西著名杂文作家覃富鑫老师，他上我的高中语文课。他的课堂就像他的为人，和风细雨，不温不火，在不经意间还会有一点小幽默，让人忍俊不禁。覃老师年轻时命途坎坷，历经磨难，但是他从不怨天尤人，永远保持着乐观向上的生活态度。他的住所名为"对竹居"，挂有一副门联："既已侧身啸风雨，何妨昂首读苍穹。"遍阅人世沧桑仍然孜孜求索，他身上那种传统知识分子的风骨，深深打动了我。对竹居是我学习的乐园，是我精神成长的地方，也是我写作之路的起点，那里有我太多太多难以磨灭的记忆。如果时间可以停滞，我希望自己永远是对竹居里的一名学生，每天在沙沙作响的竹叶声中，聆听覃老师唾珠咳玉、娓娓而谈。

我在写作路上有幸遇到的第二位老师，是庄重文文学奖获得者、著名作家潘大林先生。潘大林老师对文学青年的无私关爱和帮助，数十年来在桂东南文坛传为佳话，脍炙人口。正是由于他的提携，我从一个灯红酒绿的世界，来到了贵港日报社工作，真正开启了我和文字打交道的职业生涯，而且有了一个相对简单、稳定、宁静与宽松的写作环境。20多年来，潘大林老师对我关怀备至、勉励有加，让我深受教诲、获益良多。他的宽广胸怀以及在写作上的敬业精神，永远是我学习的榜样。

在送给我的一首诗里，潘大林老师写道："不信书生能救世，只缘块垒在心头。"其实，书生的本分，本来就不是充当什么"救世主"。"救世主"是居高临下、俯视众生、生杀予夺的神，世界上没有"救世主"，也不需要"救世主"。有一个关于巴别塔的故事说，人类想修建通天之塔，结果上帝让人类说不同的语言，分散在各地居住，相互之间不能交流，于是通天之塔的计划就失败了。人世间有很多矛盾和冲突，小至口角，大至战争，往往是由于语言隔阂、文字不通、交流不畅而引发的。书生的作用不是"救世"，而是"劝世"，就是通过知识与观念的传播，增进了解、求同存异、消弭纷争、化解仇恨，从而促进人与人之间的和谐，让"大同世界"不是在天堂飘荡，而是在人间生辉。文字，正是传播知识与观念的基础工具。

西汉哲学经典《淮南子》说"昔者仓颉作书，而天雨粟，鬼夜哭"，先民们自从有了文字，就有了自我启蒙的能力，可以自己掌握自己的命运，不再任凭"神秘力量"摆布。20多年来的读书、写作生活，对我而言，同样是自我启蒙的过程。感谢那些方方正正的汉字，让我更好地认识自己、感悟人生、认知社会。海子说："那幸福的闪电告诉我的，我将告诉每一个人。"我想做的则是希望能通过"说文解字"的方式，对《千字文》进行逐字讲解和逐行、逐段串讲，由此，向汉字致敬，向先民们致敬，向中华优秀传统文化致敬。每个汉字告诉我的，我将告诉每一个人。

逐字讲解《千字文》，是一件艰巨烦琐、耗时费力的事情，我不知道何时能完成，也不知道以我浅薄的学识能否胜任这项工作，不过既然已经开了头，唯有咬紧牙关坚持到底。感谢广西民族大学传媒学院杨学明教授为本书精心录制音频，她的严谨作风和敬业精神让我感动。感谢我的同事陆洲为本书精心手绘插图。感谢也为本书的文章录制过音频的磊明老师、邓敏老师以及蒋龄萱、孙郁、蒋小丽、刘清等好友。感谢对本书的出版给予大力支持的徐小葵大姐。感谢天津《今晚报》选用本书部分文稿。感谢关心和支持我的每一位师友，他们温暖的鼓励，是我勇敢前行的不竭动力。

徐强

2023 年 7 月 21 日于贵港求知斋

抖音/微信扫码

加入《千字文》研习社

· 配套学习 · 说史解字

· 蒙学趣测 · 指尖练字

千古奇文《千字文》

在南北朝的时候，梁朝的梁武帝萧衍为了教育皇子皇孙们，让大臣殷铁石从"书圣"王羲之的书法作品中挑选出一千个字，作为认字识字、学习书法的教材。可是这一千个字都是不重复的单字，相互之间没有任何联系，杂乱无章，很不方便记忆。于是，萧衍又让大臣周兴嗣把这一千个字编成一篇文章，不仅文理要通顺，还要押韵，朗朗上口，以便于小孩诵读和记忆。宋人《太平广记》写道："兴嗣一夕编缀进上，鬓发皆白。"意思是说，周兴嗣只用了一个晚上，就把这一千个单字连成了一篇文章，不过，由于高度紧张，用脑过度，他两鬓的头发也在一夜之间变白了。

周兴嗣编的这篇文章，名叫《次韵王羲之书千字》，也就是流传至今的《千字文》。

《千字文》与其说是"编"出来的，不如说是"创作"出来的。因为这的确是难度非常高的脑力劳动：一千个事先指定的不重复的单字，连成一篇文理通畅、文采飞扬的韵文，内容涵盖天文地理、自然景观、社会生活、饮食起居、科学技艺、历史文化、典章制度、伦理道德等方面的知识。《千字文》可以说是我国古代的一部"小型百科全书"，没有深厚的文字功底和学识修养，是很难完成这样的创作的。梁朝史书《梁书》周兴嗣的传记中提到，周兴嗣"年十三，游学京师，积十余载，遂博通记传，善属文"，意思是说，他在13岁的时候，就离开家乡到了京城南京拜师求学，经过十多年的积累，终于成为学识渊博、妙笔生花的学者。由此可见，周兴嗣"一夜成文"，并不是偶然的事情，而是他长期潜心治学、刻苦磨炼的结果。

在了解周兴嗣与《千字文》的故事之后，我们认识到，《千字文》确实不愧为一篇"千古奇文""绝妙文章"，值得认真学习。历史上有不少大学者如王世贞、顾炎武、章太炎等，都对《千字文》给予了高度评价。《千字文》历经千百年的流传而长盛不衰，从皇家专享的钦定教材变成普惠民间的蒙学经典，至今仍然焕发出强大的生命力，仍然是我们学习语文知识、了解先贤智慧的具有独特价值的读本，这是历史长河披沙拣金的结果，也是经得起岁月淘洗的文化传承。

目录

抖音/微信扫码

加入《千字文》研习社

·配套学习·说史解字

·蒙学趣测·指尖练字

千字文節錄

天地玄黄宇宙洪荒日月盈昃

辰宿列張寒來暑往秋收冬藏閏餘成歲律呂調陽

雲騰致雨露結為霜金生麗水玉出昆岡

劍號巨闕珠稱夜光果珍李奈菜重芥姜

海鹹河淡鱗潛羽翔

南朝周興嗣集字撰文製韻

二零二二年冬 陳良 於烏魯木齊

《千字文》节录："天地玄黄，宇宙洪荒。日月盈仄，辰宿列张。寒来暑往，秋收冬藏。闰余成岁，律吕调阳。云腾致雨，露结为霜。金生丽水，玉出昆冈。剑号巨阙，珠称夜光。果珍李奈，菜重芥姜。海咸河淡，鳞潜羽翔。"（陈良书）

甲骨文　　　金文

战国文字　　篆文

康熙字典体　　隶书

楷书

"天"原来只有"头顶"那么高

"落霞与孤鹜齐飞，秋水共长天一色。"这是唐代诗人王勃《滕王阁序》中的名句。作者通过落霞、孤鹜、秋水、长天的意象，勾勒出一幅苍茫辽阔、静谧唯美的画面，展示了高超的语言艺术。在我国古代文学史上，《滕王阁序》被誉为"天才之作"。

《千字文》的第一个字，是"秋水共长天一色"的"天"字。天，tiān。

在甲骨文里，"天"是象形字，像正面站着的人，而且头很大，像一个方形。后来经过字形的演化，变成了现在楷书的"天"字，由"一"和"大"组成。

"天"字最初的含义，指人的头顶。人的脑袋或者脑袋顶部的骨头之所以叫"天灵盖"，就是从"天"字的本义而来的。

明代医学家李时珍在《本草纲目》里说："人之头圆如盖，穹窿像天，泥丸之宫，神灵所集。……故有天灵盖诸名也。"这是把人的头颅比喻为天空，天上有宫殿，宫殿里边住着神灵，所以人的头颅称为"天灵盖"。

东汉文字学家许慎在《说文解字》中指出："天，颠也，至高无上。"人的身体最高的部分称为"天"，就是头顶，由此引申出自然界最高的地方也称为"天"，就是天空。

天空浩瀚无边，波云诡谲，充满神奇和未知的领域，激发了诗人无穷的想象力。比如现代文学家郭沫若《天上的街市》："远远的街灯明了，/好像闪着无数的明星。/天上的明星现了，/好像点着无数的街灯。//我想那缥缈的空中，/定然有美丽的街市。/街市上陈列的一些物品，/定然是世上没有的珍奇。//你看，那浅浅的天河，/定然是不甚宽广。/那隔河的牛郎织女，/定能够骑着牛儿来往。//我想他们此刻，/定然在天街闲游。/不信，请看那朵流星，/是他们提着灯笼在走。"这首诗描绘了一幅繁星满天、宁静祥和的夜空画卷，表达了诗人对自由幸福的美好生活的向往。

上古时代的人们，相信天上住着的神仙是大自然的主宰，"天"因此被赋予了人的色彩，具有喜怒哀乐、七情六欲。清代诗人龚自珍在《己亥杂诗》中写道："我劝天公重抖擞，不拘一格降人才。"这里的"天公"，就是有生命的天神，被诗人寄予了空降人才、改变社会的厚望。我们平常所说的"老天爷"这个词，也是从"天公"演变而来的。为什么是"老天爷"而不是"老天婆""老天娘"呢？因为古人认为"天阳地阴"，天属男性，地属女性，所以只有"天公""老天爷"的说法。

人们从观察天象变化、自然规律中感悟出生活的哲理，因此，先秦经典《周易》有"天行健，君子以自强不息"的说法。天体运行刚劲强健，所以，人应取法于天，不屈不挠，自强不息。这是一个人立足社会，也是一个民族立足世界的强大精神力量。

图形　金文

篆文　康熙字典体

隶书　楷书

"地主"原来是"土地神"

五代十国南唐后主李煜《破阵子》词云："四十年来家国，三千里地山河。凤阁龙楼连霄汉，玉树琼枝作烟萝，几曾识干戈？"

《千字文》的第二个字，是"三千里地山河"的"地"字。地，dì。

"地"属于会意兼形声字。在金文里，"地"和"队"同源，意思是一头猪从高高的山崖掉到了地上。

后来，"队"字在底下加一个"土"，变成"墜"，经过简化，就是今天"坠落"的"坠"字。

而"地"字，在篆文里是由"土"和"也"组成的，"土"是义符，表示意义；"也"是声符，表示读音。金文里的"也"字，像是古人洗手、洗脸用的容器"匜"，和"地"的读音相近，所以它是表示读音的声符。今天我们把它念作"也"，读音已经相差很远了。

"地"的本义指土地、大地。"为什么我的眼里常含泪水？因为我对这土地爱得深沉……"这是大家非常熟悉的现代诗人艾青《我爱这土地》中的名句。

在中国历史上，拥有很多土地的人，被称为"地主"，是名声不佳、形象很差的一个阶层，往往和"恶霸"联系在一起。但是"地主"这个词，在最初的时候，并不是指占有土地、不劳而获且专门靠剥削农民为生的人，而是指土地神。西汉历史学家司马迁在《史记·封禅书》中写道，秦始皇统一中国后，东游海上，拜祭名山大川和八神。在"八神"里面，"天主"排第一，"地主"排第二，此外还有"兵主""阴主""阳主""月主""日主""四时主"。这里的"地主"就是土地神。

"地主"的另外一个意思，指所在地的主人，是相对外面来的宾客而言的。比如我们说"尽地主之谊"，意思就是一个地方的人，以主人的身份，招呼、接待从另一个地方来的朋友和客人。

最后讲一个故事。根据史料记载，清朝康熙年间，安徽桐城人张英在朝廷做了大官——文华殿大学士兼礼部尚书。有一天，张英突然收到家里人写来的一封信，说隔壁邻居吴家想霸占张家的空地，请他赶紧出面阻止。张英看完信，回了一首诗："一纸书来只为墙，让他三尺又何妨。万里长城今犹在，不见当年秦始皇。"这首诗的大概意思是说，万里长城都保不住秦始皇，吴家要把墙砌过来，那就让他三尺吧。张家人收到回复，就把地界撤回了三尺。吴家见张家让了三尺，非常感动，也把房子的地界退了三尺。结果两家之间，就形成了一条宽六尺的巷子。一场剑拔弩张的土地纠纷，由于双方的礼让，很快便平息了。这就是历史上有名的"六尺巷"的故事。这个故事，对于我们今天妥善处理邻里关系、构建和谐社会，仍然具有很大的启发意义。

甲骨文　　　　金文

篆文　　　　康熙字典体

隶书　　　　楷书

因为"黑"，所以"玄"

金庸武侠小说《倚天屠龙记》里，有两个一辈子形影不离且武功十分高强的人，合称"玄冥二老"。他们用的武功叫"玄冥神掌"，是一门高深莫测、阴寒无比的功夫。

本文讲解的字，是《千字文》中的"玄"字。玄，xuán。

在甲骨文中，"玄"是会意字，形状像在水里漂染的蚕丝，表示把丝织品染黑。金文的"玄"字，则省略了水的义符，只剩下一束丝，或者在丝上加一"点"（、），表示悬挂晾晒的意思，后来经过演化，就成了楷书的"玄"字。日本著名汉字学家白川静先生说，"玄"属于象形字，外形就像一束捆扎起来的线。这个说法，可供参考。

"玄"的本义指染黑，泛指黑色。我国先秦诗歌总集《诗经》中，有"载玄载黄，我朱孔阳"的诗句，意思是说，别人把丝染成黑色、染成黄色，我染的却是红色，十分鲜艳。

民间有一句歇后语："半夜吃甘蔗——不知头尾。"黑色给人黑乎乎的感觉，在黑暗中，不容易辨认事物、辨别方向，所以"玄"字又有深不可测、深奥难懂的含义。在先秦道家经典《老子》这本书里，有"玄之又玄，众妙之门"的说法，意思是深远又深远，玄妙又玄妙，这是天地之间奥妙的总阀门。宇宙万物，永远存在需要我们不断去探寻奥妙的未知领域。

接下来，讲一个故事。从前有一个人名叫陶答子，在小地方当官，名声很不好，家里的财产却增加了三倍。他的妻子知道丈夫的钱都是非法得来的，是不义之财，就警告他说："妾闻南山有玄豹，隐雾而七日不食，欲以泽其衣毛，成其文章。至于犬豕，肥以取之，逢祸必矣。"豹子为了让自己身上的花纹变得更加漂亮，躲在大雾中七天不吃不喝；而那些一天到晚光知道吃吃喝喝，拼命把自己养肥的猪狗，很快便会成为屠刀下的牺牲品。这段话的意思，是告诫陶答子应当懂得收敛，不要过于张扬，以免招来杀身之祸。可惜陶答子没有听从妻子的劝告，最终还是被强盗杀害了。这个故事，出自西汉文学家刘向写的《列女传》，"玄豹隐雾"的典故就是从这儿来的。"玄豹"，指隐居的人；"玄豹隐雾"，意思是隐居起来，远离祸害。

需要注意的是，"玄天""玄帝"中的"玄"表示方向，指北方。"玄天"指北方之天，"玄帝"指北方之帝，即掌管北方的神灵。而"玄夫""玄衣督邮"两个词都是乌龟的别名。有学者认为"玄武"是乌龟与蛇的合称。此外，"玄香太守"指的是墨水，就是笔墨纸砚的"墨"。

甲骨文　　金文

战国文字　　篆文

康熙字典体　　隶书

楷书　　简体

"黄" 其实是一块玉

　　从前有一名官员，因为领兵打仗建立了军功，被朝廷召唤到京城。大家都说这名官员肯定是会升职的，有人为此找了一位算命先生，让他用"黄"字预测这名官员的命运。算命先生只说了一句话："共由者，道也。"意思是，"黄"字由"共"字和"由"字组成，大家共同遵守的，也是符合天道的。后来，这名官员果然升了职。

　　这是清代学者周亮工在《字触》里写的一个故事。把"黄"字拆成"共"字和"由"字来算命，是一种文字游戏，带有迷信的成分，当然是不科学的，只能当作茶余饭后的谈资。

　　本文讲解的字，是《千字文》中的"黄"字。黄，huáng。

在甲骨文里，"黄"属于象形字。至于像什么，学者们各有各的观点。有人说"黄"像一块佩玉，上面是系玉的绳子，中间是玉石，下边是装饰用的丝带；也有人说"黄"像是一张野兽的皮，上边是头，中间是腹部，下边是腿；还有人说"黄"像一支箭头着火的利箭，或者像是一支利箭射中了靶心，上面是箭头，中间是靶心，下边是箭的羽毛。

本文采用谷衍奎先生《汉字源流字典》中的说法，"黄"像古代一种半环形的佩玉，"黄"的本义指佩玉。由于这种玉器大多数都是黄色的，因此"黄"又引申指黄的颜色。

在中国传统文化中，黄色是尊贵的颜色。皇帝穿的衣服称为"黄袍"，住的地方叫作"黄门"，由此可见，黄色是皇家御用的颜色。因为皇宫里住着很多太监，所以"黄门"这个词也被当作宦官的代称。

与黄色有关的词语还有"黄口""黄童""黄发"等。小鸟出生的时候，嘴巴是黄色的，所以"黄口"就是雏鸟的意思，同时也用来指儿童。西汉哲学经典《淮南子》中有一句话"古之伐国，不杀黄口"，意思是，从前人们发动战争、攻城略地的时候，是不杀害小孩的。小孩的头发是黄色的，所以小孩又称为"黄童"。而"黄发"的意思恰好相反，指的是老人，因为老人的头发白了很长时间之后，又会变黄。

到了近现代，"黄色"有了淫秽色情的含义，这是受西方文化影响的结果。英国维多利亚女王时代的著名作家王尔德是同性恋者，因"有伤风化"的罪名锒铛入狱。据说他被捕的时候，腋下夹着一本黄色封面的书，黄色便因此有了色情的含义。

传说在原始社会，有两个部落首领，一个叫黄帝，一个叫炎帝，他们之间的战争，加快了民族融合的步伐。西汉历史名著《史记》以黄帝为开篇，体现了作者司马迁的"大一统"进步民族观，是非常难能可贵的。正如韩兆琦先生在《史记笺证》中所说："'黄帝'作为华夏民族的始祖在《史记》中得以确立，其意义是巨大的。从此他便成了中华民族的一面旗帜，成为我国境内各族人民共同皈依的偶像，成为散居世界各地的华夏后裔们凝聚的核心。"

甲骨文　　　　金文

篆文　　　　康熙字典体

隶书　　　　楷书

"宇"原来是屋檐

本文讲解的字，是《千字文》中的"宇"字。宇，yǔ。

20世纪30年代，鲁迅先生写有一首无题诗："万家墨面没蒿莱，敢有歌吟动地哀。心事浩茫连广宇，于无声处听惊雷。"

这首诗的大概意思是，在国民党反动派的高压统治下，人民过着悲惨的生活，田地都丢荒了，人们个个面黄肌瘦，却没有人敢发出反抗的声音。不过，不要以为听不到反抗的声音，大家就真的屈服了。事实上，熊熊怒火正在人们的心底燃烧，总有一天会爆发出来，就像寂静的天空，突然响起轰隆隆的雷声。

"心事浩茫连广宇"中的"宇"字，指宇宙空间。但是"宇"字最初的含义并非如此。

在金文里，"宇"属于形声字，宝盖头（宀）是义符，说明这个字与房子有关；"于"是声符，表示读音。东汉文字学家许慎在《说文解字》中指出："宇，屋边也。"可见，"宇"的本义指屋檐。

我们经常在古文中读到"宇下"这个词，意思就是屋檐下。"宇下"用作比喻时，指受到别人的庇护。先秦史书《左传》里有一句话："况卫在君之宇下，而敢有异志？"意思是，何况卫国在您的庇护之下，怎么敢有背叛之心呢？

"宇"从屋檐的本义引申指房子。北宋文学家苏轼的《水调歌头·明月几时有》写道："我欲乘风归去，又恐琼楼玉宇，高处不胜寒。"这里的"玉宇"指用玉石建造的房子，是传说中天帝或神仙居住的地方。

东汉哲学家王充在《论衡》这本书里，说过一句非常著名的话："知屋漏者在宇下，知政失者在草野，知经误者在诸子。"意思是说，房子漏不漏雨，只有住在里边的人才知道；国家治理得好不好，只有平民百姓才最有发言权；儒家经典有没有错误，看看诸子百家的著作就非常清楚了。

由房子继续引申开来，"宇"字又有疆土、天下、空间等丰富的含义。西汉哲学经典《淮南子》说"四方上下谓之宇"，这里的"宇"指上下四方整个空间。西汉文学家贾谊的《过秦论》写道："有席卷天下，包举宇内，囊括四海之意，并吞八荒之心。"其中，"席卷天下""包举宇内""囊括四海""并吞八荒"的意思都是一样的，都指并吞天下、统一疆土。

需要注意的是，"器宇"的"宇"，特指人的气概、胸怀、风度、仪态等。这个含义，大概也是从房子引申得来的。器宇非凡的人，心胸开阔，仪表堂堂，就像巍峨雄壮的高楼大厦；反之，如果一个人心胸狭隘，斤斤计较，就会像一座低矮的屋子，格局未免太小，会被别人瞧不起。

甲骨文　　篆文

康熙字典体　　隶书

楷书

“宙”是一根大木头

本文讲解的字，是《千字文》中的“宙”字。宙，zhòu。

我们平时经常听到“宇宙超级无敌霹雳”这样的词语，意思是全世界最厉害、全天下最威武。宇、宙合起来，是一个空间和时间的概念。西汉哲学经典《淮南子》说："往古来今谓之宙，四方上下谓之宇。"古往今来所有的时间称为"宙"，上下四方所有的空间称为"宇"。

在古诗中，"宇"和"宙"常常连用，指时空、天地、世界等。比如唐代诗人们写的诗句，李白："下视宇宙间，四溟皆波澜。"杜甫："北辰当宇宙，南岳据江湖。"白居易："不穷视听界，焉识宇宙广。"王维："思出宇宙外，旷然在寥廓。"吕岩："茫茫宇宙人无数，几个男儿是丈夫。"杜荀鹤："宁为宇宙闲吟客，怕作乾坤窃禄人。"……

前文《"宇"原来是屋檐》中已经说过，"宇"字最初的含义指的是屋檐，是与房子有关的。"宙"字同样与房子有关。

在甲骨文中，"宙"属于形声字，宝盖头（宀）是义符，表示含义；"由"是声符，表示读音。"宙"字最初的意思指房子的大梁。

《淮南子》说："凤凰之翔，至德也，雷霆不作，风雨不兴，川谷不澹，草木不摇，而燕雀佼之，以为不能与之争于宇宙之间。"文中的"宇宙"，指的就是屋檐与栋梁。凤凰是神话传说中的神鸟，号称"百鸟之王"，是祥瑞的象征，福泽天下，志存高远，却被麻雀瞧不起。麻雀在凤凰面前有优越感，因为麻雀生活的世界就是屋檐与房梁，它并不能理解凤凰所翱翔的天空到底有多么辽阔、多么浩瀚。我们说一个人的思想、观念、眼界、志向会受到他所生活的环境的影响，并不是没有道理的。

宇宙指天地、天空，是从房子引申而来的，所以有时候我们也会看到一种有趣的现象，就是把天地、天空比喻为房子。比如大家非常熟悉的北朝民歌《敕勒歌》："敕勒川，阴山下。天似穹庐，笼盖四野。天苍苍，野茫茫，风吹草低见牛羊。"在这首优美的民歌里，天空就像一顶大大的帐篷，把无边无际的大草原笼罩起来，给人一种粗犷、雄浑、豪迈的感觉。

在魏晋时期，有一个名字叫刘伶、外号叫"醉侯"的人，非常喜欢喝酒。有一次他喝醉了，赤身裸体在屋子里睡觉，别人讥笑他，他反过来问道："我以天地为栋宇，屋室为裈衣，诸君何为入我裈中？"意思是，天地就是我的房子，房子就是我的裤子，你们怎么跑到我的裤子里边来了？这也是一个有趣的比喻，体现了刘伶崇尚自然、蔑视礼法的个性。

洪
篆文　康熙字典体

洪　洪
隶书　楷书

扫码听音频

为什么"洪"就是"大"呢

在仙侠玄幻剧《花千骨》中，女主角花千骨身上的"洪荒之力"被视为最强大的神力。所谓"洪荒"，就是上古传说中，人们想象中的天地混沌蒙昧的一种状态。而"洪荒之力"，则是开天辟地、创造世界的神力，是无比巨大的能量。

三国时期的学者徐整在《三五历记》中写道：

未有天地之时，混沌状如鸡子，盘古生其中。一万八千岁，天地开辟，阳清为天，阴浊为地。盘古在其中，一日九变，神于天，圣于地。天日高一丈，地日厚一丈，盘古日长一丈。

这段记载，就是关于盘古开天地的描述。古时候人们认为，天地起初是合在一起的，像一枚鸡蛋，后来盘古在鸡蛋里边慢慢长大，成为"巨无霸"，就把天和地分开了，蛋清的部分成为天空，蛋黄的部分成为大地。盘古开天地，用的就是"洪荒之力"。这是中国先民对宇宙起源的一种猜测，想象力非常丰富。

本文讲解的字，是《千字文》中的"洪"字。洪，hóng。

篆文的"洪"字，属于会意兼形声字，"水"旁加一个"共"，意思是大水汇聚在一起，"共"字兼表读音。"洪"的本义指大水。

世界上很多国家，特别是北半球国家，都有关于史前大洪水的记载。这是人类史前文明惊人的相似之处。关于洪水，在先秦史书《尚书》中，是这么写的："汤汤洪水方割，荡荡怀山襄陵，浩浩滔天。"洪水浩浩荡荡，包围了山岭，淹没了丘陵，威胁人们的生命，由此产生了"大禹治水"的故事。西汉历史学家司马迁在《史记》中写道，大禹治水，"居外十三年，过家门不敢入"。为了治理洪水，大禹路过家门都不敢进去，怕耽搁时间、耽误治水。在民族危难面前，这是顾大家舍小家的宝贵品格，所以近代学者高燮在《吹万楼文集》中称赞说"自古创业之功，莫高于大禹"，这个评价是很高的。

从大水的本义引申出来，"洪"就有了"大"的意思，这是"洪"字用得最多的含义。比如，"洪化"指宏大的教化，"洪生"指学问渊博的书生，"洪伐"指非常大的功劳，"洪烈"指盛大的功业，"洪惠"指大恩大惠，"洪量"指宽宏大量，"洪饮"指狂饮，"洪醉"指大醉，"洪笔"指大手笔，"洪福"指大福分，等等。

需要注意的是，"洪梁"指的是美酒的名字。洪梁是一个地方，以盛产美酒著称，因此"洪梁之酒"就是一种美酒。"洪算"的意思是长寿，说明一个人的岁数很大。"洪炉燎发"意思是用大火炉烧毛发，比喻一件事情轻而易举就解决了，不费吹灰之力。

金文

篆文

荒
康熙字典体

荒
隶书

荒
楷书

"破天荒"这个词是怎么来的

　　五代王定保《唐摭言》:"荆南解比,号天荒。大中四年,刘蜕舍人以是府解及第。时崔魏公作镇,以破天荒钱七十万资蜕。"

　　又,北宋孙光宪《北梦琐言》:"唐荆州衣冠薮泽,每岁解送举人,多不成名,号曰天荒解。刘蜕舍人以荆解及第,号为破天荒。"

　　这两段记载和古代的科举考试有关。在宋太祖开宝六年(973年)以前,科举考试分为两级:第一级是各州的取解试,相当于后来的乡试,在各地方举行,合格者称为"举人";第二级是由礼部主持的省试,在京师举行,合格者称为"贡士"。开宝六年(973年)增加了第三级,就是由皇帝本人亲自主持的殿试,在皇宫举行,合格者称为"进士"。

我们了解这个背景之后，再回头梳理一下前面两段记载的内容，大概意思是说：荆南这个地方，选送举人参加省试，从来没有考中过，被称为"天荒"。唐宣宗大中四年（850年），有一个名叫刘蜕的人，参加礼部的省试，终于考中了，人们称之为"破天荒"。时任荆南节度使、曾被封为魏国公的崔铉对刘蜕的成绩感到很高兴，特地给了他七十万钱奖学金，号称"破天荒钱"。我们平常说的"破天荒"这个词，就是从这儿来的，意思是从来没有出现过的事物第一次出现。

本文讲解的字，是《千字文》中的"荒"字。荒，huāng。

在金文里，"荒"的本字是"𣹳"，由"亡"和"川"组成，意思是洪水成灾，家破人亡，田园荒芜。在篆文中，"荒"属于会意兼形声字，上边是草字头，下边是"𣹳"字，表示野草长满了田地，同时也代表读音。"荒"的本义指荒芜，"荒地"即荒芜的田地。

"荒"由荒芜引申指没有开垦或耕种的土地。比如东晋文学家陶渊明《归去来兮辞》中的："三径就荒，松菊犹存。"

边远的山区大多荒芜，没有经过开发，所以"荒"又指边远地区或人烟稀少的地方，比如"八荒之地""荒郊野岭"等。

年景不好的时候，庄稼收成少或没有收成，也称为"荒"。清代学者魏源在《吴农备荒议》中写道："救荒不如备荒，备荒莫如急农时。"这里的"荒"，指荒年、饥荒。由此进一步引申，"荒"又指物品严重缺乏，比如"水荒""粮荒""钱荒""油荒"等。

最后说说"荒唐"这个词。先秦道家著作《庄子》有"谬悠之说，荒唐之言，无端崖之辞"的说法，这里的"荒唐"是漫无边际的意思，后来引申指说话浮夸、不合实际，或者行为乖张、不合情理。

我们为人处世要有理智、讲情理，不应荒唐无道、疯疯癫癫、神志不清。

甲骨文	金文
篆文	康熙字典体
隶书	楷书

从"两小儿辩日"说起

在先秦哲学著作《列子》里，有一个故事，说的是两个小孩争论太阳到底是早上离我们近还是中午离得近，一直僵持不下。

其中一个说："日初出大如车盖，及日中则如盘盂，此不为远者小而近者大乎？"意思是，早晨太阳刚出来的时候有车盖那么大，到了中午就变得像盘子一样大了，那不是早上离得近中午离得远吗？另一个说："日初出沧沧凉凉，及其日中如探汤，此不为近者热而远者凉乎？"意思是，太阳刚出来时凉飕飕的，说明离得远，到了中午热得像把手伸进热水里一样，说明离得近。

两个人争辩不休，谁也说服不了谁，于是请孔子定夺。孔子也说不出个所以然来，老老实实承认自己不懂。

20 世纪 50 年代，著名天文学家戴文赛教授专门研究过这个问题，得出的结论是太阳有时候早晨离我们近一点，有时候中午离我们近一点，但在浩瀚的宇宙中，这个远近之间的差别简直可以忽略不计，因此可以说，早晨和中午太阳跟我们之间的距离是一样的。古代天文学不发达，人们仅凭感观下结论，因此有"两小儿辩日"的故事。

这个故事说明，我国古代先民很早就对宇宙的奥秘产生了兴趣，遗憾的是没有形成严谨的科学研究，导致了科学精神相对薄弱。另外一个启发是，孔子对于自己不明白的问题，并没有不懂装懂，而是敢于在小孩子面前承认自己的无知，这是一种非常宝贵的品格，就像他所说的那样，"知之为知之，不知为不知，是知也"。这个世界上没有全知全能的"圣人"。永远保持对未知领域的好奇、质疑、探索和研究，这是人类社会发展进步的原动力。只有狂妄无知的人，才会傲慢地认为自己掌握了宇宙间的一切真理。

本文讲解的字，是《千字文》中的"日"字。日，rì。

在甲骨文里，"日"属于象形字，就像太阳的形状。"日"的本义指太阳。因为太阳有光照，所以"日"引申指白天，比如"夜以继日"。由白天引申开来，"日"又兼指一天、一昼夜，比如"一日不见，如三秋兮"。由兼指一天继续引申，"日"又泛指时间，比如"路遥知马力，日久见人心"，意思是经过长途的奔跑，才能知道马的体力足不足，经过长时间的考验，才会发现人的心肠是好是坏。

明代诗人钱福写有一首《明日歌》，劝诫世人要珍惜时间，切莫蹉跎岁月："明日复明日，明日何其多。我生待明日，万事成蹉跎。世人若被明日累，春去秋来老将至。朝看水东流，暮看日西坠。百年明日能几何？请君听我明日歌。"

人生苦短，时间宝贵。命运总是会特别眷顾那些懂得珍惜时间、奋力拼搏的人，而视时间如粪土者，时间留给他的，将是长久的叹息。

甲骨文　　　　金文

篆文　　　　康熙字典体

隶书　　　　楷书

月有阴晴圆缺

前文已经说过《千字文》中的"日"字，接着谈谈"月"字。月，yuè。首先来看两个有趣的成语："蜀犬吠日"和"吴牛喘月"。

唐代文学家柳宗元在给朋友的一封信中写道，四川南部雨天多，太阳很少出来，只要太阳一出来，狗就会叫。这就是"蜀犬吠日"的由来，意思是少见多怪。

"吴牛喘月"则是比喻一个人由于心生怀疑而感到恐惧不安。南朝人刘义庆编写的《世说新语》里有一个故事，说的是晋武帝司马炎手下有一个叫"满奋"的大臣，非常害怕风寒。有一天，君臣两人坐在一起讨论国家大事。房子的北窗前摆了一扇透明的琉璃屏风，看起来好像什么东西都没有，北风可以呼呼地吹进来。满奋很紧张，坐也不是，站也不是。司马炎见状，笑着说："你不用怕，有屏风挡着呢！"满奋这才放心，嗫嚅说："臣如吴牛，见月而喘。"古时候长江、淮河一带属于吴国范畴，称为"吴地"，那里炎热的时间比较长，水牛怕热，看见月亮，误以为是太阳，就害怕得喘起气来，这就是"吴牛喘月"的出处。

甲骨文的"月"字，属于象形字，像半个月亮。"月"的本义指月亮。"月有阴晴圆缺"，月亮总是缺的时候多，圆的时候少，因此，"月"字是残缺不全的半月形状。

金文的"月"字，中间多了一个竖点。有学者认为，这个竖点代表月亮里的桂花树。在古代传说中，月亮上不仅有桂花树，还有兔子，有嫦娥，有被罚去砍树的吴刚，以及吴刚酿造的桂花酒。这些传说，增添了月亮的浪漫和神秘色彩。

月亮由缺到圆、由圆到缺，这种形状的变化每个月为一个周期，一年共十二个周期，所以"月"又引申为历法中的时间单位，指约 30 天的时间。

有几个和时间有关的词需要特别注意。"月额""月旦""月吉""月朔"，指的都是农历每月初一；"月半"和"月望"，则是农历每月十五。"月孟"为每月之初，"月夕"则是每月之末。不过，有时候"月夕"也特指农历八月十五中秋节，南宋学者吴自牧在《梦粱录》里就写道："八月十五日中秋节，此日三秋恰半，故谓之中秋。此夜月色倍明于常时，又谓之月夕。"

我国古代有很多与月亮有关的诗词，其中最著名的要数唐代诗人张若虚的《春江花月夜》。就用这首诗，作为本文的结尾吧。

春江潮水连海平，海上明月共潮生。

滟滟随波千万里，何处春江无月明！

江流宛转绕芳甸，月照花林皆似霰；

空里流霜不觉飞，汀上白沙看不见。

江天一色无纤尘，皎皎空中孤月轮。

江畔何人初见月？江月何年初照人？

人生代代无穷已，江月年年只相似。

不知江月待何人，但见长江送流水。

白云一片去悠悠，青枫浦上不胜愁。

谁家今夜扁舟子？何处相思明月楼？

可怜楼上月徘徊，应照离人妆镜台。

玉户帘中卷不去，捣衣砧上拂还来。

此时相望不相闻，愿逐月华流照君。

鸿雁长飞光不度，鱼龙潜跃水成文。

昨夜闲潭梦落花，可怜春半不还家。

江水流春去欲尽，江潭落月复西斜。

斜月沉沉藏海雾，碣石潇湘无限路。

不知乘月几人归，落月摇情满江树。

白云一片去悠悠，青枫浦上不胜愁。
谁家今夜扁舟子，何处相思明月楼。
（唐·张若虚诗，梁家塔书）

甲骨文　　　甲骨文

金文　　　　篆文

康熙字典体　隶书

楷书

盆中水满称为"盈"

　　本文讲解的字，是《千字文》中的"盈"字。盈，yíng。

　　先来看一个故事。从前，有一位学者向一位禅师求学，禅师说话的时候，学者总是频频插嘴："哦，对，我知道。"于是禅师停止谈话，向学者的茶杯里斟水，茶溢出了杯子，他仍然不停。学者说："杯子满了，再也装不下更多的茶水了！"禅师说："我当然知道，可是你不首先倒空你的杯子，怎么可能尝到我的茶呢？"禅师通过杯子装满茶水的现象，委婉地批评这名学者不谦虚、没有礼貌，因为他在禅师说话的时候总是不停地插嘴，似乎天底下没有什么东西是他不懂的。就像装满水的杯子，再也容不下更多的茶水一样，一个自满的人，也无法学习和接纳新的知识。

甲骨文的"盈"字，属于会意字，像是一个人在大盆子中洗澡，水溢满了盆子。东汉文字学家许慎在《说文解字》中写道："盈，满器也。""盈"的本义指器皿充满水，由此引申指充满。比如"盈川"，意为满川；"盈月"，指满月；"盈溢"，指布满；"盈科"，意思是水灌满了坑洼。先秦史书《左传》说："一鼓作气，再而衰，三而竭。彼竭我盈，故克之。"文中的"彼竭我盈"，意思是敌人的士气衰竭了，我们的军队却充满了士气，斗志昂扬，因此打了胜仗。

"盈"由充满又引申指增长、富余，比如"盈余""盈利"等。

需要注意的一个词是"盈盈"。"盈盈"多用来指人的风姿和仪态的美好。比如"盈盈楼上女，皎皎当窗牖"，意思是楼上那位仪态美好的女子站在窗前，肌肤就像月亮一样洁白。"盈盈公府步，冉冉府中趋"，意思是那位帅哥踱着轻盈的方步，优雅地在房子中走动。不过有时候"盈盈"也指清澈的样子，比如"河汉清且浅，相去复几许！盈盈一水间，脉脉不得语"（《古诗十九首·迢迢牵牛星》）。诗中的"盈盈"就是清澈的意思，把银河比喻为一条清澈的大河。

回到本文开头禅师和学者的故事。国际武打巨星李小龙非常喜欢这个故事，并从中悟出了"空"的人生哲理。所谓"空"，并非消极无为，而是对万事万物保持一种开放的心态，以变化而不是僵化的眼光观察世界。在《醒思录》里，李小龙写道："杯子的用处就在于它的空。""觉醒从不排外，它包容一切。""心灵必须敞开，以自由地思考。受限制的心灵无法自由地思考。""对头脑的定义意味着冻结。当头脑停止了它所必需的自由流动，便不再是保持本性的头脑了。""一个人若要真正成为掌握技术知识的主人，就必须消除一切精神障碍，使头脑处于空（流动）的状态。"……这些看似零碎的感悟，正是李小龙对"空"的最好诠释。

"满招损，谦受益。"这就是"空杯理论"给我们的启示。

甲骨文　　　　　篆文

康熙字典体　　　隶书

楷书

太阳偏西称为"昃"

有一个谜语，谜面是："天下尽是不平声。(打一字)"谜底是《千字文》中的"昃"字。昃，zè。

要理解这个谜语，首先需要了解一些古汉语声调的基础知识。古人把汉语的声调分为"平、上、去、入"四声，这和今天普通话的一、二、三、四声是不太一样的。古代诗人在写诗的时候，又把"平、上、去、入"四声分为两大类，其中"平"是平声，"上、去、入"三声则统称为"仄声"，这就是我们常说的"平仄"。

楷书的"昃"字是上下结构，上方为"日"，下方为"仄"。"日"代表太阳，太阳普照的地方称为"天下"；"仄"指仄声，与平声相对，也就是"不平声"。因此，"昃"字在结构上就可以理解为"天下尽是不平声"。当然，这里的"不平声"是语意双关的，既指仄声，也指人们抱怨世界不公平的声音。俗话说"不平则鸣"，我们遇到不公平的事情，受到了委屈或压迫，就要表达不满，就要发出反抗的声音，这样才有可能争取到公平和正义。

甲骨文的"昃"字属于形声兼会意字，左边是一个太阳，右上方是一个歪斜的人的形状。发展到篆文，"昃"演变为"仄"字加"日"字。"仄"在左边，"日"在右边。

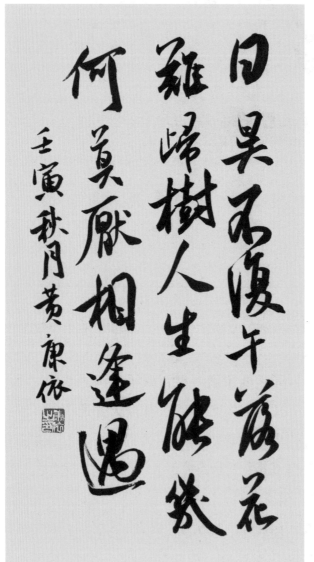

日昃不复午，落花难归树。
人生能几何，莫厌相逢遇。
（唐·邵真诗，黄康依书）

东汉文字学家许慎在《说文解字》中写道："昃，日在西方时，侧也。从日，仄声。"可见，"日"是义符，表示这个字与太阳有关；"仄"是声符，表示读音。"昃"的本义指太阳偏西。

"日昃不复午，落花难归树。人生能几何，莫厌相逢遇。"这是唐代诗人邵真写的一首诗《寻人偶题》。大意是说，太阳偏西，时间就不会回到正午了；鲜花落到地面，也很难再回到树上。人这一辈子不长，要懂得珍惜身边人、眼前人，不要觉得厌烦。因为这辈子的遇见是一种缘分，到了下辈子，未必有机会再相逢了。

接着再来看两个成语。"日昃之劳"，意思是从早晨到午后都顾不上吃饭，形容工作繁忙。"昃食宵衣"，意思是时间很晚了才吃饭，而天还没亮就起床穿衣服了，形容为国操劳，忙于政务。

"昃"从太阳偏西又引申指倾斜。"崖昃日半倾，光射东南峰"，诗句中的"崖昃"，指的就是倾斜的山崖。

在先秦经典《周易》里有这样一段话："日中则昃，月盈则食。天地盈虚，与时消息，而况于人乎？"意思是说，太阳过了正午会偏西，月亮圆了则会缺，天地万物都是随着时间的推移而改变的，人也同样如此。古代先民通过观察自然界的变化，悟出为人处世的道理，这是他们的智慧。

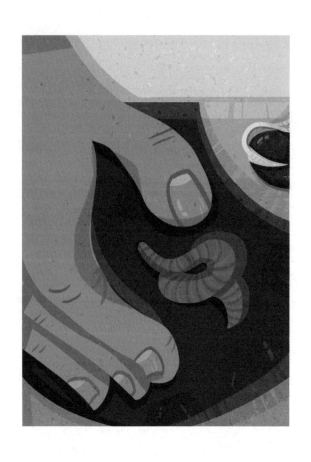

甲骨文　　　　金文

篆文　　　　康熙字典体

隶书　　　　楷书

扫码听音频

"辰"字起源于农业

唐代诗人李商隐《无题》诗云："昨夜星辰昨夜风，画楼西畔桂堂东。"

本文讲解的字，是《千字文》中的"辰"字。辰，chén。

在甲骨文里，"辰"属于象形字，至于像什么，文字学者有各种各样的说法。

有学者认为，"辰"的左边像一把石制的锄头，右边则像一只手，"辰"的本义指手拿锄头，日出而作。

也有学者认为，"辰"像是用手挖出潜伏在地下、蜷曲着身体、有环状皱纹的虫子。这与二十四节气中的惊蛰有关。仲春时节，大地回暖，春雷响起，经过一个冬天休眠的动物们被惊醒了，这就是"惊蛰"。我国古代先民十分重视惊蛰这个节气，把它看作春耕开始的日子。唐代诗人韦应物在《观田家》中写道："微雨众卉新，一雷惊蛰始。田家几日闲，耕种从此起。"说的就是惊蛰到来，农耕开始。聪明的文字发明者观察到了"春雷惊百虫"这个有趣的自然现象，于是创造了"辰"字，表现惊蛰来时，农田里苏醒过来的虫子蠢蠢欲动的情形。

还有学者认为，"辰"像是一个人手里拿着大贝壳的样子。上古时代，人们以大贝壳作为农具。"辰"的本义指大贝壳。

尽管学者们各有各的看法，各有各的解释，但有一点却是相同的，就是"辰"字与农业有关。所以我们看到繁体字"農"（农），下边就有一个部首是"辰"。

在农耕文明时代，科技不发达，农业生产基本上是"靠天吃饭"，庄稼收成好不好，取决于气象、气候条件好不好。而气象、气候的形成与变化，是与太阳、地球、月亮、星星等天体的运行密切相关的，由此，"辰"引申指星辰。先秦史书《左传》里说："天有三辰，地有五行。"文中的"三辰"指日、月、星，"五行"指金、木、水、火、土。

我国古代先民根据日月星辰的运行，把一昼夜分为十二个时间段，称为"十二时辰"，每一时辰相当于今天的两个小时。由此，"辰"又引申指时刻、日子、时间、光阴。比如"时辰""诞辰""寿辰""吉日良辰"等，这里的"辰"是时间概念。当然，在十二时辰里，"辰"又专指"辰时"，就是早上7点到9点。

古人把一天分为十二时辰，分别是子时、丑时、寅时、卯时、辰时、巳时、午时、未时、申时、酉时、戌时和亥时。为了方便记忆，古人又把每个时辰和十二生肖中的动物对应起来，用某个动物作为某个时辰的代表，以加深印象。比如，子时为深夜11点到第二天凌晨1点，在这个时间段里，老鼠最活跃，所以，子时就和老鼠联系在一起了。以此类推，十二时辰和十二生肖对应，分别是子鼠、丑牛、寅虎、卯兔、辰龙、巳蛇、午马、未羊、申猴、酉鸡、戌狗和亥猪。

甲骨文　　　金 文

篆 文　　　康熙字典体

隶 书　　　楷 书

做人莫学"宿田翁"

在金庸武侠小说《天龙八部》中，有这样一段情节：

只见西北角上二十余人一字排开，有的拿着锣鼓乐器，有的手执长幡锦旗，红红绿绿的甚为悦目，远远望去，幡旗上绣着"星宿老仙""神通广大""法力无边""威震天下"等字样。丝竹锣鼓声中，一个老翁缓步而出，他身后数十人列成两排，和他相距数丈，跟随在后。

那老翁手中摇着一柄鹅毛扇，阳光照在脸上，但见他脸色红润，满头白发，额下三尺银髯，童颜鹤发，当真便如图画中的神仙人物一般。

这个像"图画中的神仙人物一般"的老翁，其实是心狠手辣的反派角色，名叫丁春秋，在星宿海这个地方创立了武林门派"星宿派"，人称"星宿老仙"或"星宿老怪"。

本文讲解的字，是《千字文》中的"宿"字。宿，sù。

这是一个多音多义字。念"xiù"的时候，意思是星宿、星座。它的另外一个读音念"xiǔ"，指一个晚上，比如"一宿"，就是一夜。当然，最常念的读音是"sù"，住宿的"宿"。下文主要讲解"宿"（sù）字的含义。

甲骨文的"宿"，属于会意字，宝盖头（宀）代表房子，房子里边有一个人，人的旁边是一张席子，整个字的寓意就是人在房子里边睡觉。"宿"的本义指夜晚睡觉、居住。比如，"旦辞爷娘去，暮宿黄河边""夜半鸟惊栖，窗间人独宿""今夜不知何处宿，平沙万里绝人烟""不如池上鸳鸯鸟，双宿双飞过一生"等诗句中的"宿"，都是睡觉、居住的意思。

"宿"从睡觉、居住引申指住宿的地方，作名词用。先秦儒家经典《周礼》说"十里有庐，庐有饮食；三十里有宿，宿有路室"，其中的"宿"，就是住宿的地方。

"宿"有过夜的意思，由此又引申指隔夜的、前一晚的，或者隔年的、前一年的。北宋文学家晏殊的词："宿酒醒来，不记归时节。"所谓"宿酒"，就是前一晚喝的酒。唐代诗人白居易"宿醉头仍重"，其中"宿醉"，意思是隔夜犹存的余醉。儒家经典《礼记》说："朋友之墓，有宿草而不哭焉。"这里的"宿草"指隔年的草。后来，人们又把"宿草"作为坟墓的代称。

"宿愿"，指平素的心愿；"宿将"，指老将；"宿儒"，指老成博学的读书人；"宿德"，指年老而有德望的人。这些词都是从"宿"的时间含义引申而来的。

最后来看一个有趣的词，"宿田翁"。这个词听起来像是对老人的称呼，实际上它指的是狗尾草，用了拟人的修辞手法。狗尾草消耗了土地大量的水分与营养，却不生产粮食，是一种对农作物非常有害的杂草。做人莫学宿田翁，我们读书做学问，要有真才实学，不能像宿田翁一样，索取甚多，贡献很少，甚至遗祸人间。

甲骨文　　金文

战国文字　　篆文

康熙字典体　　隶书

楷书

"列"字和砍头有关

　　小住京华，早又是中秋佳节。为篱下黄花开遍，秋容如拭。四面歌残终破楚，八年风味徒思浙。苦将侬，强派作蛾眉，殊未屑！

　　身不得，男儿列；心却比，男儿烈。算平生肝胆，因人常热。俗子胸襟谁识我？英雄末路当磨折。莽红尘，何处觅知音？青衫湿！

　　这是近代民主革命家、妇女解放运动先驱秋瑾在1903年中秋写的一阕词《满江红·小住京华》。国难当头，秋瑾不愿意在家当贵妇人，过安稳日子，而是立志要像男子汉大丈夫一样，做一番轰轰烈烈的事业。不过，身为女子，她的志向很难被当时的世俗之人理解，因此，她发出了"何处觅知音"的感慨。"身不得，男儿列；心却比，男儿烈"，这充分体现了秋瑾的刚强性格以及远大抱负，令人动容。此后不久，她便抛家别子，背井离乡，走上了寻求民族振兴之策的革命道路。

本文讲解的字，是《千字文》中的"列"字。列，liè。

甲骨文的"列"，属于象形字，和"歺"是同一个字，上方像骨头破碎的裂纹，也有人说像头发，下方则像一副空的、没有肉的头骨。不过"歺"字在这里不念"dǎi"，而念"liè"，本义指残缺、破裂的头骨。

金文和篆文的"列"，加了立刀旁，属于会意兼形声字。日本著名汉字学家白川静先生认为，"歺"表示砍头之后还留有头发的头骨，兼表读音，立刀旁（刂）则表示把头颅和躯体割断。东汉文字学家许慎在《说文解字》中指出："列，分解也。"意思是说，"列"的本义指分解、割裂。也有学者认为，"列"是古代的一种酷刑，指活剐，从活剐引申出分解、割裂的含义。先秦儒家著作《荀子》说："古者列地建国。"在这里，"列地"的意思是分割土地。"列"的这个含义，后来加多了衣字底，用分裂的"裂"来表示。

在商朝的墓葬中，我们经常会看到一些"断首坑"。人被砍头之后，脑袋和躯体分开排列，埋在断首坑里。一个坑摆放十具尸体，最多的有连续几十坑之多。"列"表示行列、排列，就是从这里来的，比如"队列""序列""数列"等。"列"作动词用，意思是摆放、陈列、排开、置于，比如"列阵以待""名列前茅"等。此外，"列"还有位次、类别、陈述、众多等引申义。

最后来看一个词语，"列鼎而食"。"鼎"是古时候贵族用的饮食器具，意思是把一大堆鼎摆开来吃饭，形容生活过得十分奢侈、铺张。"钟鸣鼎食"也是同样的意思，"钟鸣"指敲钟奏乐，"鼎食"指用鼎吃饭。一边听音乐，一边大吃大喝，这是古代有钱人家才能过得上的奢华日子。

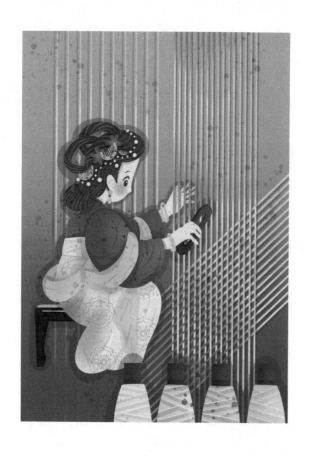

金文

战国文字

篆文

康熙字典体

隶书

楷书

简体

改弦更张，琴瑟协调

　　一张机。织梭光景去如飞。兰房夜永愁无寐，呕呕轧轧，织成春恨，留著待郎归。

　　两张机。月明人静漏声稀。千丝万缕相萦系，织成一段，回纹锦字，将去寄呈伊。

　　三张机。中心有朵耍花儿。娇红嫩绿春明媚，君须早折，一枝浓艳，莫待过芳菲。

　　四张机。鸳鸯织就欲双飞。可怜未老头先白，春波碧草，晓寒深处，相对浴红衣。

　　……

上文引自宋代无名氏写的《九张机》。这首词一共九阕，由于篇幅关系，在此只引四阕。

本文讲解的字，是《千字文》中的"张"字。张，zhāng。

篆文的"张"字，属于形声字，"弓"是义符，表示这个字和射箭的弓有关；"长"是声符，表示读音。东汉文字学家许慎在《说文解字》中指出："张，施弓弦也。""张"的本义指上紧弓弦。我国先秦诗歌总集《诗经》说"既张我弓，既挟我矢"，意思是上紧弓弦，手拿利箭，准备瞄准猎物了。

"张"由上紧弓弦引申指拉开弓，比如"张弓搭箭""剑拔弩张"；又引申指打开、展开，比如"纲举目张""张口结舌""张牙舞爪"；还引申指陈设、布置、挂起，比如"张灯结彩""铺张浪费"。

前文所说的"一张机""两张机"里的"张"指转动，"机"是织布机。织布的人每转动一次机杼，都有一番心事需要诉说。织布的场景和情感交织的心理状态内外交融，让人有缠绵悱恻的感觉。

"张"也可以作为量词，用于可以张合、开卷的事物，比如"一张弓""两张嘴""三张纸"；或者用于有平面的事物，比如"一张脸""两张桌子""三张名片"等。

三国时期蜀国丞相诸葛亮在《出师表》中写道："诚宜开张圣听，以光先帝遗德，恢弘志士之气，不宜妄自菲薄，引喻失义，以塞忠谏之路也。"其中的"开张"，指扩大、开扩。诸葛亮劝诫后主刘禅"开张圣听"，意思是让他这个当皇帝的广泛听取意见、了解下情，做出正确的判断和选择，不要被某些别有用心、图谋不轨的人蒙蔽了眼睛，坏了国家大事。

西汉元光年间，汉武帝刘彻下诏征求治理国家的方略，当时的大学者董仲舒积极响应，为皇帝出谋献策。其中有一段话是这么说的："窃譬之琴瑟不调，甚者必解而更张之，乃可鼓也；为政而不行，甚者必变而更化之，乃可理也。当更张而不更张，虽有良工不能善调也；当更化而不更化，虽有大贤不能善治也。"大意是，乐器的弦音不协调了，严重的需要把弦换掉，装上新的；一个国家乱糟糟的，很不和谐，严重的也需要改变治理的策略和方式。董仲舒用这个比喻，向汉武帝提出了改革的主张。成语"改弦更张"，就是从这个故事来的。

在"天文"中感悟"人事"

——《千字文》第一节概述

天地玄黄，宇宙洪荒。
日月盈昃，辰宿列张。
（梁书惠，12岁书）

前文通过"说文解字"的方式，逐字讲解了《千字文》第一节的16个字："天地玄黄，宇宙洪荒。日月盈昃，辰宿列张。"本文串讲这一节的内容，以便读者更好地了解我国古代先贤的宇宙观、人生观以及一些基本的天文地理知识，进一步体会《千字文》的奇妙之处。

"天地玄黄"出自五经之一的《周易》。《周易》上说："夫玄黄者，天地之杂也，天玄而地黄。"可见"天地玄黄"本来是"天玄地黄"，因为要和下一句"宇宙洪荒"中的"宇宙"形成对偶的关系，所以把"天""地"连在了一起。天玄地黄，意思是说，天是黑色的，地是黄色的。晚上的天空是黑色的，这容易理解，可是白天呢，明明是深蓝色的，怎么也说是黑色的呢？原来，这和古人平时说话的习惯有关。比如"青布"常常指黑布，"青鞋"通常指的是黑布鞋，可见青色和黑色是可以互换通用的。"玄"，也可以理解为接近深蓝色的黑青色，这就包括了白天和夜晚的天空的颜色。土壤，也有黑、红、白、黄、紫等多种颜色，因为华夏文明的发源地——中原地区的土壤属于黄土，所以就用黄色代表大地的颜色。

前文已经说过，"往古来今谓之宙，四方上下谓之宇"。"宇宙"属于时空概念，是所有时间和空间的总称。宇宙是一个不以人的意志为转移、永远处于运动发展中的客观存在的物质世界，在时间上没有起点和终点，在空间上也没有边界和尽头。"洪荒"则是天地初开时混沌蒙昧的状态，洪水泛滥，一片荒芜。前文在谈论"洪"字的时候，曾经讲过盘古开天辟地时使用"洪荒之力"，改变天地混沌状态的故事。据说大年初一吃馄饨的习俗就是从这个故事来的。"馄饨"与"混沌"谐音。盘古开天地，创造了新世界，大年初一吃馄饨，寓意新的一年开始。

"日月盈昃"同样出自《周易》。《周易》说："日中则昃，月盈则食。"太阳过了正午会偏西，月亮圆了又会缺，这是人们观察到的日月运行的规律。月食现象的产生，是由于地球刚好运行到了太阳和月亮的中间，挡住了太阳光对月球的照射，月球上出现黑影。古人认为这时候的月亮是被"天狗"吃掉了，所以称之为"月食"。

西汉哲学经典《淮南子》说："天设日月，列星辰。"这就是"辰宿列张"

的来源。"辰"是星体的总称，俗称"星辰"。单个的星体称为"星"，一个以上的星体的集合，称为"宿"。东汉思想家王充在《论衡》这本书中写道："二十八宿为日、月舍，犹地有邮亭，为长吏廨矣。"这是非常形象的说法。二十八宿是古人观察到的二十八个恒星群，古人认为这相当于二十八座房子，是给太阳、月亮等星体停留、休息用的，就像地上有邮亭，可供官吏们停留办公。月亮每天晚上"住"在一座"房子"里，住满一圈差不多需要二十八天，也就是将近一个月的时间。古人把二十八宿分为东、南、西、北四个区，每个区有七宿。四组七宿分别用线条相连，看起来像四个动物，因此又有东方青龙、南方朱雀、西方白虎、北方玄武的说法。前文在谈论"玄"字的时候已经说过，所谓"玄武"，就是龟和蛇组合成的一种灵物。青龙、朱雀、白虎、玄武合起来，又称为"四象"。

"天地玄黄，宇宙洪荒。日月盈昃，辰宿列张。"概括起来说，意思就是，在远古的时候，天空是黑色的，大地是黄褐色的，世界洪水泛滥，满目荒凉。太阳升起又落下，月亮圆了又变缺，星星布满了浩瀚的宇宙。

《千字文》的第一个字是"天"字，而古人又常常根据《千字文》的字序来给事物编排顺序，比如在进行科举考试的贡院中，第一排第一间考场就是"天"字号房，由此产生了"天字第一号"的典故，意思是最高的、最厉害的或最强大的。

最后需要指出的是，我国古代先贤在思考宇宙起源、观察天文现象时，总是会把"天文"与"人事"联系起来，从中感悟人生、获取智慧。比如《周易》中说："天行健，君子以自强不息；地势坤，君子以厚德载物。"意思就是，我们为人处世，既要像天体运行那样刚劲有力、自强不息，也要像宽广辽阔的大地一样，包容、承载万事万物；既不卑不亢、百折不挠，又虚怀若谷、民胞物与，这就是一种刚柔相济、文武兼备的理想型人格。又比如，古人从日出日落、月圆月缺的现象中，领悟出世间万事万物都有规律、讲章法的道理，不能狂妄自大、骄傲自满、不知节制、为所欲为，毫无敬畏之心、廉耻之念。

金文

战国文字

篆文

康熙字典体

隶书

楷书

扫码听音频

"得过且过"寒号鸟

我国传统社会属于农耕社会，天气对农作物的收成影响是非常大的。在长期的耕作过程中，人们根据天气变化和农作物生长的规律，把一年分为二十四个节气，以便根据节气来安排农事和生活。

在二十四节气中，有三个节气是带有"寒"字的，分别是寒露、小寒和大寒。寒露主要是表征气温与降水量的节气，小寒和大寒则属于表征气温的节气。寒露在每年公历的 10 月 8 日或 9 日，小寒在 1 月 5 日至 7 日之间，大寒则在 1 月 20 日或 21 日。

本文讲解的字，是《千字文》中的"寒"字。寒，hán。

"寒"属于会意字。金文的"寒"字，上边是宝盖头（宀），代表房子，房子里边有人，人的脚下踩着两块冰，周围堆满了用来保暖的稻草，意思是说，冬天到了，人蜷缩在房子里的草堆中御寒。"寒"的本义指冷。

先秦儒家著作《荀子》说："青，取之于蓝而青于蓝；冰，水为之而寒于水。"意思是说，靛青这种染料是从蓝草中提取的，颜色却比蓝草更青；冰块是由水凝结而成的，却比水更寒冷。成语"青出于蓝而胜于蓝"就是从这里来的，比喻学生胜过老师或后人胜过前人。

穷苦人家大多吃不饱、穿不暖，所以"寒"又有贫困的意思。比如"寒女"，指穷人家的女儿；"寒士"，指贫苦的读书人。

"寒"从贫困又引申指身份、地位卑微。比如"寒官"，指地位卑下的官吏；"寒俊"，指出身寒微而才能杰出的人。"寒门""寒家"都是寒微的门第，不过有时候"寒家"也用来谦称自己的家，就像我们今天说的"寒舍"一样。

天气寒冷会让人哆嗦发抖，恐惧、害怕也会让人哆嗦发抖，因此，"寒"又有惊恐、害怕的含义。《水浒传》有一句话："诸将见李逵等杀了这一阵，众人都胆颤心寒，不敢出战。"文中的"胆颤心寒"，就是非常害怕的意思。

元末明初学者陶宗仪的《南村辍耕录》写道："五台山有鸟，名寒号虫，四足，有肉翅，不能飞。其粪即五灵脂。当盛暑时，文采绚烂，乃自鸣曰：'凤凰不如我。'比至深冬严寒之际，毛羽脱落，索然如鷇雏，遂自鸣曰：'得过且过。'"

这段记载，讲的是寒号鸟的故事。寒号鸟有四只脚，长有肉翅，不会飞，所以它其实不是鸟，而是一种哺乳动物，就像蝙蝠不是鸟而是哺乳动物一样。寒号鸟的学名叫"复齿鼯鼠"，它的粪便叫"五灵脂"，具有药用价值。故事中说，夏天的时候，寒号鸟的毛发长得非常漂亮，所以它很得意，说"凤凰也比不上我"，但是到了冬天，它的毛发掉光了，就像刚出生的样子，于是又感到十分沮丧，连声哀叹说："得过且过！"

人生于世，会经历种种顺境逆境，不妨以平常心来对待成败得失，"不以物喜，不以己悲"。风光的时候，戒骄戒躁，不得意忘形；落魄的时候，坚忍不拔，不自暴自弃。像寒号鸟那样，既经不起顺境的考验，也扛不住逆境的打击，那是不会有长进的。

甲骨文　　　金文

战国文字　　　篆文

康熙字典体　　　隶书

楷书　　　简体

"来"的本义指小麦

清朝小石道人编纂的《嘻谈续录》里有这样一个故事。

从前有一个县官，在衙门里审理案件。原告的名字叫金止未，被告的名字叫郁卞丢，证人的名字叫于斧。

这个县官是个"白字先生"，没有什么文化，看见状纸上写着"原告金止未"，于是大喊一声："全上来！"结果原告、被告和证人就一起上来了。县官有些纳闷，看见状纸上写着"被告郁卞丢"，于是又大喊一声："都下去！"结果原告、被告和证人又全都下去了。这回县官更纳闷了，可是又想不明白到底哪里出了问题。这时旁边有一个小官差悄悄对他说："老爷，您念错别字啦。原告叫金止未，不是全上来。被告叫郁卞丢，不是都下去。证人叫于斧……"

听小官差这么一说，县官老爷这才恍然大悟："原来如此！幸亏你说得早，不然我就把证人'于斧'念成'干爹'了！"

"全上来""都下去"，不认真学习就会闹出这种笑话。尤其是像故事里说的，县官老爷念错别字，往往还会成为社会关注的"焦点事件"，甚至以负面形象成为具有讽刺意味的"千古流芳"，因此一定要慎之又慎。

作动词用的时候，"来"和"去"在方向上刚好是相反或相对的。那么，"来"字最初的含义是什么呢？接下来要讲解的字，就是《千字文》中的"来"字。来，lái。

甲骨文的"来"字，属于象形字，像是一棵已经成熟的小麦，上边是麦穗，中间是小麦的叶子，下边是小麦的根部。"来"的本义指小麦。

东汉文字学家许慎在《说文解字》中指出："来，周所受瑞麦来麰也……天所来也。"意思是说，小麦是从天上来的，是苍天赋予人间的粮食。为了表达小麦是从天上来到人间的意思，人们在"来"字底下加了一个表示"走路"的部首条字头（夂），也就成了小麦的繁体字"麥"。

有趣的是，在语言文字的使用过程中，"来"字和"麦"字刚好对调过来了。本义指小麦的"来"字，被用来表示"来到"的意思；本义指来到的"麦"字，反而成了"小麦"的意思，进而又成为麦类作物的总称，包括小麦、大麦、黑麦、燕麦等。

"来"从来到引申指招来、过去、往后、发生等。比如，"将何以来远方之贤良？"意思是说，用什么办法可以招来远方贤良的人才呢？"别来无恙"的"来"，指过去一段时间。"来日方长"的"来"，指未来一段时间。口语说的"麻烦来了"，意思则是麻烦发生了、出现了。

东晋文学家陶渊明在《归去来兮辞》中写道："归去来兮，田园将芜胡不归？既自以心为形役，奚惆怅而独悲？悟已往之不谏，知来者之可追。实迷途其未远，觉今是而昨非。"需要注意的是，"归去来"中的"来"只是一个语气助词，并没有实际的意义，"归去来"意思就是"归去咧"或者是"回去吧"。

署
战国文字

暠
篆 文

暑
康熙字典体

暑
隶 书

暑
楷 书

和 "暑" 字有关的节气

唐代诗人吕岩《七言》诗云："功满自然居物外,人间寒暑任轮回。"

本文讲解的字,是《千字文》中的"暑"字。暑,shǔ。

"暑"字是形声兼会意字。篆文的"暑"字,由"日"和"者"组成。"日"是义符,表示太阳照射;"者"是声符,表示读音。在古代,"者"字和诸位的"诸"字、庶人的"庶"字是通用的,读音和"暑"字相近,所以它是表示读音的声符。此外,"者"还表示燃烧的意思,因为"者"的本义指燃烧。

东汉文字学家许慎在《说文解字》中指出："暑,热也。"可见,"暑"的本义指炎热。当代学者余世存从"暑"字拆分出"日""土""日"三个字,意思是土地上下都有炎热的太阳照射。以"暑"字开头的词语，大多和炎热有关。比如，"暑气"指夏天的热气，"暑溽"指夏天湿热的气候，"暑岁"指炎热干旱的年份，等等。

"暑"字当作名词用的时候，意思是热天、炎热的季节，比如"寒暑易节""寒来暑往"等。

前文《"得过且过"寒号鸟》中谈论"寒"字的时候已经说过，在二十四节气中有三个节气与"寒"字有关，分别是寒露、小寒和大寒。和"暑"字有关的节气也有三个，分别是小暑、大暑和处暑。

小暑在每年公历 7 月 7 日或 8 日。从小暑开始，天气就变得炎热起来了。《水浒传》里有一首诗："赤日炎炎似火烧，野田禾稻半枯焦。农夫心内如汤煮，公子王孙把扇摇。"说的是酷热的太阳把田地都晒干了，要是不下雨，庄稼收成肯定不好，甚至会颗粒无收，所以农夫心急如焚，而那些不劳而获的公子王孙们，却好像什么事情都没有一样，还在优哉游哉地摇扇子。生活在两个不同阶层的人，他们之间注定会隔着一条巨大的鸿沟，到了无法沟通的时候，矛盾和冲突就爆发了。《水浒传》讲的就是压迫者和反抗者之间矛盾和冲突的故事。当然，我们从这首诗也可以体会到，对于靠天吃饭的农民而言，雨水在酷热的季节里是多么的重要，所以民间又有"小暑雨如银，大暑雨如金"的说法。

大暑在每年公历 7 月 22 日至 24 日之间，是一年里气温最高、天气最热的日子。古人把大暑的物候归结为三个：一是"腐草为萤"，意思是在枯草上产卵的萤火虫开始孵化而出；二是"土润溽暑"，意思是天气闷热，土地潮湿；三是"大雨时行"，也就是经常有雷雨出现。

处暑在每年公历 8 月 23 日左右。《月令七十二候集解》写道："处，去也，暑气至此而止矣。""处暑，暑将退，伏而潜处。"意思是从处暑开始，热气逐渐消散，气温将会下降。唐代诗人杜牧的诗句"天阶夜色凉如水"，正是"处暑寒来"的写照。

甲骨文　金文

篆文　康熙字典体

隶书　楷书

虽千万人吾往矣

儒家经典《孟子》里有这样一段话："吾尝闻大勇于夫子矣：自反而不缩，虽褐宽博，吾不惴焉；自反而缩，虽千万人，吾往矣。"

我们要理解这段话，需要了解其中几个生僻字词的含义。

首先来看"缩"字。"缩"的本义指绳子纠缠在一起，乱作一团，而用绳子捆扎东西，则是要拉紧拉直的，所以"缩"字又有拉紧拉直的意思，引申指正直的、符合道义的。

再来看"褐宽博"。"褐"是古代穷人穿的一种粗布衣裳。那么"宽博"呢？南宋理学家朱熹在《四书章句集注》中写道："宽博，宽大之衣，贱者之服也。"可见"宽博"指宽大的衣服，也是地位卑微的穷人经常穿的。因此，

"褐宽博"是一个借代词，指身份地位低下的人。

"慴"的意思是害怕、恐惧，作使动词用的时候，指令人害怕、使人恐惧。

我们理解了这几个生僻字词的含义，回头再读《孟子》的原文，这段话的意思就非常明白了。说的是，关于大勇气，我曾经听孔子讲过：如果反身自问，我觉得自己是没有道理的，那么即使面对的是一个地位比我低下的人，我也不能欺负他、恐吓他；如果反身自问，我觉得自己是有道理的、符合正义的，那么即使有千军万马阻拦我，有千千万万的人反对我，我也要勇往直前，毫无畏惧。

孟子认为，人要有"浩然正气"。"虽千万人，吾往矣"，体现的就是为了坚持真理、伸张正义而勇往直前、无所畏惧的浩然之气。

本文讲解的字，是《千字文》中的"往"字。往，wǎng。

甲骨文的"往"字，属于形声字，是上下结构。上边是"之"字，像一只脚趾朝上的脚，表示"前往"的意思；下边是"王"字，表示读音。"王"字的形状像一把大斧头，大斧头在古代是权力的象征。日本著名汉字学家白川静先生指出，在古时候，领受君王命令的人在出发执行任务之前要举行一个仪式，就是把脚踩在象征权力的大斧头上面，希望可以汲取大斧头身上神圣的灵气和威力，保佑自己顺利完成君王的命令。这个说法，可以让我们更好地理解甲骨文的"往"字。

金文的"往"字，添加了双人旁（彳），强化了走路的含义。东汉文字学家许慎在《说文解字》中指出："往，之也。"可见，"往"的本义指去、到。比如"往教"，意思就是老师前往学生所在的地方施教。儒家经典《礼记》说："礼闻来学，不闻往教。"意思是我们应当虚心学习，主动登门求学。让老师上门来教，这是不尊重师道、没有礼貌的行为。

"往"字由去、到，引申指时间概念，意思是过去、从前，或者今后、以后。比如，"往事"指过去的事，"往鉴"指可供借鉴的往事，等等。汉代无名氏《有所思》写道："从今以往，勿复相思，相思与君绝！"诗中的"从今以往"，就是从今以后的意思。

"俱往矣，数风流人物，还看今朝。"过去的已经过去，新的历史，要靠新一代来创造。

甲骨文　　　甲骨文

篆　文　　　康熙字典体

隶　书　　　楷　书

扫码听音频

天凉好个秋

少年不识愁滋味，爱上层楼。爱上层楼，为赋新词强说愁。

而今识尽愁滋味，欲说还休。欲说还休，却道天凉好个秋。

这是南宋著名词人、抗金将领辛弃疾在被朝廷罢免官职、闲居江西上饶期间写的一阕词《丑奴儿·书博山道中壁》。辛弃疾隐居的地方离博山不远，他经常到博山游玩，这阕词就是他在去博山的路上写的。

北宋文学家苏轼在谈到写作的时候，曾经说过这样一段话："凡文字，少小时须令气象峥嵘，采色绚烂；渐老渐熟，乃造平淡。其实不是平淡，绚烂之极也。"这段话，对于我们理解辛弃疾的这阕词是很有帮助的。

词中说，回想自己青春年少的时候，没有经历什么挫折，不懂得忧愁的滋味，只是喜欢到高楼上欣赏风景。为了写诗表达观赏风景时的心情，又会绞尽脑汁堆砌种种华丽的词语，甚至无病呻吟地发泄一下所谓的"忧愁"之感。如今年岁渐长，经历了人生当中的起起伏伏，刻骨铭心地体会到了忧愁的滋味，却是知音难寻，找不到倾诉的对象，只好把心声埋藏起来，轻描淡写地说一句："这个秋天真凉爽！"从故作深沉、矫揉造作地谈论忧愁，到真有忧愁却无从表达，改而谈论天气，辛弃疾的这个心路历程，正是苏轼所说的从"绚烂"到"平淡"的过程。这时候看似平淡的忧愁，实乃忧愁之极。

"暖风熏得游人醉，直把杭州作汴州。"南宋皇朝在历史上被视为"偏安小朝廷"，国家面临种种内忧外患，统治阶层却是纸醉金迷、苟且偷生、不思进取。辛弃疾用"莫谈国事、只谈天气"的态度，表达了自己空怀抱负、报国无门极度的忧虑和无奈。

本文讲解的字，是《千字文》中的"秋"字。秋，qiū。

甲骨文的"秋"字是上下结构，属于象形字，也有说是会意字的。有学者认为，"秋"字像是蟋蟀振动翅膀鸣叫的样子，代表庄稼成熟的秋天。也有学者认为，"秋"的上边是"虫"字，下边是"山"字，虫子从山中飞进屋子里，表示秋天来到了，天气转凉了。还有学者认为，"秋"的上边是"虫"字，下边是"火"字，表示古人在秋天收割庄稼之后焚烧田野、消灭害虫的习俗。

楷书的"秋"字变成了左右结构，由"禾"字和"火"字组成，意思是禾苗好像被火烤熟了。东汉文字学家许慎在《说文解字》中指出："秋，禾谷孰也。"可见，"秋"的本义指庄稼成熟，有所收获。

从庄稼成熟引申指庄稼成熟的季节，就是秋天。因为一年只有一个秋天，所以"秋"又引申指一年的时间。比如"一日不见，如三秋兮"，"三秋"的意思就是三年。从一年又引申指一段时间，比如"多事之秋""危急存亡之秋"等。

唐代诗人李绅《悯农》诗云："春种一粒粟，秋收万颗子。"愿奋斗不息的人们，都能有所收获。

战国文字　　篆　文

康熙字典体　　隶　书

楷　书

前人田地后人收

一派青山景色幽，前人田地后人收。

后人收得休欢喜，还有收人在后头。

这是北宋杰出的政治家、思想家、文学家范仲淹的诗《书扇示门人》，就是写在扇子上，用来警示身边的门生弟子的诗。

这首诗写得通俗易懂，却蕴含着深刻的哲理。众所周知，我国传统社会属于农耕社会，土地是起着决定作用的生产资料。谁拥有土地，谁就衣食无忧，甚至富可敌国，生杀予夺。而那些丧失了土地的人，只能寄人篱下，才可以苟延残喘，艰难度日，饱受压迫与欺凌。从某种程度上说，中国几千年来的历史就是一部漫长的土地斗争史。正是土地，左右着芸芸众生的尊卑贵贱、悲

一派青山景色幽，前人田地后人收。后人收得休欢喜，还有收人在后头。（北宋·范仲淹诗，李万里书）

欢离合、酸甜苦辣。范仲淹在诗中提醒道，前人的土地会落到后人的手里，而那些获得土地的人也别高兴得太早，说不定什么时候，自己手中的土地又被别人拿走了。正所谓"创业容易守成难"，面对变幻无常的内外环境，只有居安思危、戒骄戒躁的人，才有可能立于不败之地。

本文讲解的字，是《千字文》中的"收"字。收，shōu。

篆文的"收"，属于会意兼形声字。左边的"丩"和纠结的"纠"字通用，意思是用绳子捆绑，表示读音；右边的"攵"是义符，像是一个人手里拿着刑杖。东汉文字学家许慎在《说文解字》中指出："收，捕也。"可见，"收"的本义指逮捕、拘押。比如我国先秦诗歌总集《诗经》中的诗句："此宜无罪，女反收之。"意思是说，这个人本来是没有罪的，你却把他抓起来了，真是混淆是非，颠倒黑白。

"收"从逮捕、拘押引申指将散开的东西聚集起来。比如西汉文学家贾谊的《过秦论》中"收天下之兵，聚之咸阳"，意思就是，把天下的兵器都聚集到咸阳这个地方。从将散开的东西聚集起来引申指藏起来、保存起来，比如"收藏""收好书本"。又由此引申指获得、取得，比如"收益""收入"。还可引申指接受、容纳，比如"收礼物""收徒弟"。

有的学者认为，"收"字像是用绳子捆扎庄稼，所以"收"又有割取成熟农作物的意思，比如"夏收""麦收""抢收"。此外，"收"字还有消失、控制、约束、停止、结束等引申义。

最后讲一个成语"覆水难收"。传说这个成语和西汉大臣朱买臣有关。朱买臣年轻时，家境十分贫穷，他的妻子为此离开了他。等到朱买臣当了大官，有好日子过了，他的妻子又想回来，跟他共享荣华富贵。朱买臣二话不说，端来一盆水泼在地上，对妻子说："如果泼在地上的水能够收回来，你就可以回来！"后来，人们就用"覆水难收"比喻事情已经成了定局，再也没有办法挽回。这个"覆水难收"的故事告诉我们，做人不要过于势利，太现实的人，总有一天会受到现实的教训。

甲骨文　　　　金文

篆文　　　　康熙字典体

隶书　　　　楷书

严冬不肃杀，何以见阳春

　　先秦历史典籍《晏子春秋》是一本专门记录春秋时期齐国政治家晏婴言行的书。其中有这样一个故事，说的是齐国国君齐景公在位的时候，有一次，雪接连下了几天都没有停，齐景公披着白色的狐皮大衣，坐在朝堂旁边的台阶上，对前来觐见的晏婴说："真是奇怪啊，下了几天雪都不觉得冷！"晏婴反问道："真的不冷吗？"看见齐景公笑而不语，晏婴接着又说道："婴闻古之贤君，饱而知人之饥，温而知人之寒，逸而知人之劳。今君不知也。"意思就是，我听说从前有贤德的君主，吃饱了会想到百姓的饥饿，穿暖了会想到百姓的寒冷，日子过得安逸了会想到百姓的劳累，如今下了几天雪，您却说不冷，真是不懂得体谅民间疾苦啊！齐景公听晏婴这么一说，觉得很惭愧，马上吩咐手下打开仓库，向挨饿受冻的人们发放粮食和衣服。

三国时期魏国著名诗人曹植在一首诗中写道："在贵多忘贱，为恩谁能博？狐白足御冬，焉念无衣客。"其中"狐白足御冬，焉念无衣客"这两句，用的就是齐景公和晏婴的典故。在冬天里有狐皮大衣穿的富贵人家，是不会想到没有衣服穿的穷苦人家的困难的，曹植写这首诗，目的在于讽刺当时的统治阶层麻木不仁，没有体察民情的悲悯之心。

本文讲解的字，是《千字文》中的"冬"字。冬，dōng。

甲骨文的"冬"字，属于会意字，像是一根绳子的两端各打了一个结，表示终止、终结。"终"的本字，就是"冬"字。随着文字的演变，"冬"字被用来专指冬天，于是人们又在"冬"字的左边加上绞丝旁（纟），变成"终"字，意思是终了、末了。

东汉文字学家许慎在《说文解字》中指出："冬，四时尽也。"冬季是一年四季的最后一个季节，"冬"的本义指冬季。篆文的"冬"字，下边两点像是冰块的样子，滴水成冰正是冬天的景象。

"冬"有时候也被当作象声词用，表示敲门声或击鼓声。比如唐代诗人白居易的诗："觉来未及说，叩门声冬冬。"南宋诗人陆游的诗："棠梨花开社酒浓，南村北村鼓冬冬。"

最后来看几个成语。"冬日可爱"，比喻态度和蔼可亲，仁惠感人，因为冬天的太阳比较温和，没有夏天那么酷烈，就像具有亲和力的人一样，所以说"可爱"。"冬温夏凊"，意思是冬天注意保温，夏天注意清凉，表示儿女侍奉父母无微不至。"冬扇夏炉"，冬天的扇子，夏天的火炉，都是不合时令、派不上用场的东西，比喻不合时宜。

唐代诗人吕温在一首诗中写道："雪霜自兹始，草木当更新。严冬不肃杀，何以见阳春。"严冬过后是阳春，人生的旅程也是如此，历经种种艰难困苦、风雨磨炼，总会等到春暖花开、苦尽甘来的时候。

金文　　　战国文字

篆文　　　康熙字典体

隶书　　　楷书

简体

飞鸟尽，良弓藏

在古诗里，有一种形式比较特别的诗，称为"藏头诗"或"藏头格"。藏头诗的格式主要有两种，一种是下一句诗的第一个字藏在上一句诗的最后一个字里。比如，唐代诗人白居易的诗《游紫霄宫》："水洗尘埃道未尝，甘于名利两相忘。心怀六洞丹霞客，口诵三清紫府章。十里采莲歌达旦，一轮明月桂飘香。日高公子还相觅，见得山中好酒浆。"我们看，第二句诗的头一个字"甘"字藏在第一句诗的最后一个字"尝"字里，第三句诗的头一个字"心"字又藏在第二句诗的最后一个字"忘"字里，以此类推，直到最后一句诗中的"浆"字，它所包含的"水"字，又是第一句诗的头一个字。这样首尾衔接，循环往复，形成了藏头拆字连环体诗歌。

藏头诗的另外一种格式，是把需要说明的一件事情藏在每一句诗的第一个字里。比如《水浒传》中写道，智多星吴用为了劝说玉麒麟卢俊义加入梁山好汉的队伍，在墙壁上写了一首诗："芦花丛里一扁舟，俊杰俄从此地游。义士若能知此理，反躬逃难可无忧。"我们把每一句诗的第一个字连起来，就是"芦（卢）俊义反"，意思是说，卢俊义这个人要造反啦！

以上就是藏头诗两种最为常见的格式。

本文讲解的字，是《千字文》中的"藏"字。藏，cáng。

"藏"字属于会意兼形声字。金文的"藏"字为宝盖头（宀），像是房子里边摆放着美酒。在篆文中，"藏"字的宝盖头则变成了草字头（艹）。东汉文字学家许慎在《说文解字》中指出："藏，匿也。从艹，臧声。"草字头是义符，表示在草堆中躲起来；"臧"是藏匿的意思，兼表读音。"藏"的本义指隐匿，就是隐蔽起来，不让别人发现。我们看篆文的"藏"字，就像是有人手拿兵器逼迫臣服的人交出藏在草堆中或院子里的东西，这个字形，可以让我们更好地理解"藏"字的含义。

"藏"从隐匿引申指储存、保存，比如"我有斗酒，藏之久矣"；从储存、保存引申指怀有，比如"君子藏器于身，待时而动"。

"藏"是一个多音多义字，念"zàng"的时候，作名词用，意思是储存有大量物品的地方，比如"宝藏""藏府"等。念"zāng"的时候，和"臧否人物"的"臧"字通用，本义指在战争中被俘虏而转为奴隶的人。此外，姓臧的"臧"，也是念"zāng"。

最后讲一个成语"鸟尽弓藏"。西汉历史学家司马迁在《史记》中写到，春秋时期，越国的谋臣范蠡在辅佐越王勾践消灭吴国、报仇雪耻之后，写了一封信给另外一个谋臣文种。信中说："蜚鸟尽，良弓藏；狡兔死，走狗烹。越王为人长颈鸟喙，可与共患难，不可与共乐。子何不去？"意思是说，鸟打光了，再好的弓也会被封存起来；兔子死了，打猎的狗就丧失了利用的价值而被烹宰；越王这个人脖子长、鹰钩嘴，是凶狠的人的长相，只能共患难，不可同富贵，阁下还是尽早离开为好。后来，文种果然被越王勾践逼迫而死。成语"鸟尽弓藏"就是从这个故事来的，比喻事情取得成功后，把出过力的人抛弃或杀死。

明代文学家王穉登《海夷八首》诗云："鸟尽弓藏千古事，野人临水泪潸然。"在中国历史上，汉高祖刘邦、明太祖朱元璋都是有名的大肆屠杀有功之臣的开国皇帝。他们的血腥行径，暴露了皇权政治以及权力斗争残酷的一面，使"鸟尽弓藏"成为一个无比沉重的成语和历史话题。

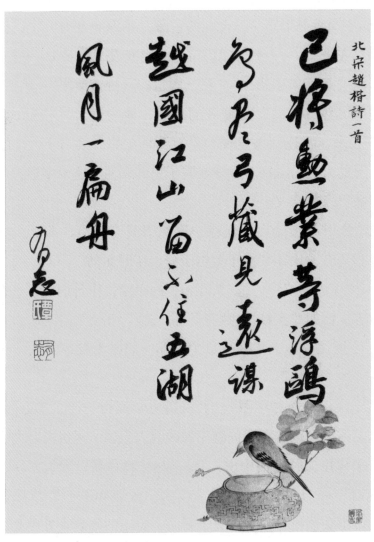

已将勋业等浮鸥，鸟尽弓藏见远谋。
越国江山留不住，五湖风月一扁舟。
（北宋·赵楷诗，覃有志书）

篆文　　　　　康熙字典体

隶书　　　　　楷书

简体

📷 扫码听音频

"闰"字为什么是"王居门中"

深蓝的天空中挂着一轮金黄的圆月，下面是海边的沙地，都种着一望无际的碧绿的西瓜，其间有一个十一二岁的少年，项带银圈，手捏一柄钢叉，向一匹猹尽力地刺去。那猹却将身一扭，反从他的胯下逃走了。

这是现代文学家鲁迅先生的小说《故乡》中，描写少年闰土的一段文字。这篇作品，后来编入了鲁迅先生的短篇小说集《呐喊》。

少年闰土性格开朗阳光，热情友善，充满活力，可是他长大以后，人到中年，却完全变了一副模样，说话诚惶诚恐，总是觉得自己低人一等，脸上刻满了岁月的沧桑，看起来像是一个木偶人。

鲁迅先生在小说中，通过"少年闰土"和"中年闰土"的鲜明对比，深刻地反映了当时残酷的社会生存环境对人性的扭曲，以及对人际关系，或者说是对人与人之间感情的撕裂。小说的字里行间，充满了对社会底层劳动人民的悲悯之情。鲁迅先生希望通过他的作品，可以唤醒人们的抗争意识，激励人们为了摆脱身上的重重枷锁，过上幸福美满的"新的生活"而努力拼搏。"其实地上本没有路，走的人多了，也便成了路。"这是小说《故乡》的结尾，也是催人奋进的号角。

本文讲解的字，是《千字文》中的"闰"字。闰，rùn。

篆文的"闰"字，属于会意字，由"门"字和"王"字组成，意思是"王在门中"。为什么这么写呢？我们来看东汉文字学家许慎《说文解字》中的一段话："闰，余分之月，五岁再闰。告朔之礼，天子居宗庙，闰月居门中。从王在门中。《周礼》曰：'闰月，王居门中，终月也。'"

要读懂这段话，需要理解几个概念。首先是闰月和闰年。

众所周知，我国古代采用的是阴历与阳历相结合的纪年方法。人们根据月亮的圆缺周期，把一年分为354天或者355天，这属于阴历。而事实上，地球围绕太阳公转一个回归年的时间是365天5小时48分46秒，这就是今天我们说的阳历一年的时间。不过古人并没有这么精确的分和秒的概念，他们通过观察太阳运行位置的变化，结合二十四节气，把太阳连续两次经过春分点的时间间隔也算为一年，也就是一个太阳年。一个太阳年就是一个回归年。

这样一来，阴历的一年和一个太阳年就存在着时间差。这些相差的、多余出来的、没有经过划分的时间，每隔几年就会累加成一个月的时间，也就是许慎所说的"余分之月"。我们把这个"余分之月"加在阴历的某一年里面，称为"闰月"。有闰月的，也就是有13个月的年份，被称作"闰年"。所谓"五岁再闰"，意思就是在阴历当中，每隔5年，就会有两个闰月。

根据古代的礼制，农历每月初一，也就是"朔日"，天子和诸侯都要在宗庙举行听政的仪式，称为"告朔之礼"。宗庙里面有12间房子，一个月用一间，刚好够一年。但是闰月是多余出来的一个月，没有房子可用，因此只能在宗庙正室的大门举行"告朔之礼"。周朝规定，每逢闰月，天子都要在宗庙正室门中居住一个月，这就是"闰"字由"门"字和"王"字组成的来历。

前文提到的小说《故乡》中的闰土，因为是闰月出生的，而且根据八字先生的说法，他的命里五行缺土，所以取名"闰土"。

"闰"的本义指历法纪年中多余出来的月份。由于闰月是多余出来的，"闰"又引申指副的、偏的，和"正的"相对。比如古人编书，有"正""闰"之分，"正"指书的主体部分，"闰"指书的次要部分。在权力和朝代的更迭中，"正"是正统的、合法的，"闰"则是非正统的、不具备合法性的。

此外，"闰"还引申指多余的事情。比如北宋诗人陈师道的诗句："人生如此耳，文字已其闰。"大概意思是说，人生不过如此，不必再浪费多余的笔墨了。

闰运（太康书）

甲骨文

金文

战国文字

篆文

康熙字典体

隶书

楷书

简体

"余"是树上的房子

在先秦经典《周易》中，写有这样的话："积善之家，必有余庆；积不善之家，必有余殃。"意思是说，那些经常积德行善的家族，必然会给子孙后代留下很多吉庆的事情，而那些经常为非作歹、恶贯满盈的家族，则必然会给子孙后代埋下无穷的祸根。这是劝人弃恶从善的警句，千百年来，无论岁月的长河如何流淌，也无法湮灭它所闪耀出来的智慧光芒。

"积善之家，必有余庆"，"余"字在这里的意思，指的是剩余的、多余的。不过，"余"字最初的含义并不是这样的。

本文讲解的字，是《千字文》中的"余"字。余，yú。

甲骨文的"余"字，属于象形字，形状像是搭建在树上的茅草屋。这是原始社会时期，人们"构木为巢"生活的真实写照。"余"的本义指房屋。

随着文字的演变，"余"字被借用来作为第一人称的代词，表示"我"的意思，它的本义就由此消失了。于是人们又造了一个字来表示房子，那就是宿舍的"舍"字。

表示剩余、多余的意思的，其实是另外一个字，那就是繁体的"餘"字。东汉文字学家许慎在《说文解字》中指出："餘，饶也。从食，余声。"繁体的"餘"字，属于会意兼形声字，由"食"字和"余"字组成，表示既有吃的，还有住的，本义指宽裕、丰足。比如"今力田疾作，不得暖衣餘食"，意思是说，拼了老命去耕田，累死累活，既吃不饱，也穿不暖。"餘"从宽裕、丰足又引申指剩余的、多余的。比如，"农有餘粟，女有餘布"，意思是说，农民有剩余的粮食，织布的女子有剩余的布匹。

由于汉字的简化，表示宽裕和剩余这两个意思的"餘"字，去掉了"食"字旁，变成了今天的"余"字。不过，为了避免误解，在某些特定的情况下，我们仍然需要保留繁体的"餘"字。

接着来看几个成语。"游刃有余"，比喻工作熟练，有实践经验，解决问题毫不费力。"拾人唾余"，比喻自己没有创见，只是抄袭别人的言论和见解。"目无余子"，意思是眼里没有旁人，形容自高自大，目中无人。

三国时期，魏国有一个非常著名的学者，名叫董遇。有人想拜董遇为师，跟他学习，董遇不愿意教，只是对这个人说："读书百遍，其义自见。"这个人觉得董遇说的很有道理，不过他接着又抱怨说，话虽如此，却苦于没有时间读书，于是董遇就告诉他，读书要善于利用"三余"。什么是"三余"呢？就是："冬者岁之余，夜者日之余，阴雨者，时之余也。"意思是说，在冬天，已经没有多少农活可干了，这是一年中空余出来的时间；到了晚上，不必再去地里劳动了，这是一天中空余出来的时间；遇上阴雨天气，不方便出门办事，这也是空余出来的时间。成语"三余读书"就是从这个典故而来的。

"少壮不努力，老大徒伤悲。""黑发不知勤学早，白首方悔读书迟。"这些都是历经人世沧桑的先贤们给后人留下来的肺腑之言。我们不妨用"三余读书"的精神来勉励自己，珍惜时间，勤奋向学，早日成才，实现自己的人生价值。

甲骨文　　　　　金文

战国文字　　　　篆文

康熙字典体　　　隶书

楷书

功**成**而不居

　　一座新房子或一栋新大楼盖好了，叫作"落成"。为什么叫"落成"呢？原来，这和古代的一种仪式有关。

　　在先秦史书《左传》中，有这样一句话："楚子成章华之台，愿与诸侯落之。"意思是说，春秋时期楚国的国君楚灵王，修建了一座宫殿——章华台，十分富丽堂皇，楚灵王想邀请各国国君一起来为他庆贺。"愿与诸侯落之"，这里的"落"，就是古代一种祭祀的典礼，通常在新的宫殿或居室建成之后举行，以表达对主人的美好祝愿。于是，人们就把建筑工程完工称为"落成"，一直沿用到现在。

　　本文讲解的字，是《千字文》中的"成"字。成，chéng。

甲骨文的"成"字，属于会意字，像是用一把板斧劈开一段木头，意思是"劈木为盟"，"成"的本义指结盟、和解。也有学者认为，"成"字的右边像斧头，左下方是一个"口"字，代表城池，意思是用武力征服城池、平定战乱。后来，左下方的"口"字，简化成了一竖（丨）。日本著名汉字学家白川静先生认为，这竖写的笔画，指的是挂在斧头上垂下来的装饰品，表示斧头已经制作完成了。这些不同的说法，可供我们学习参考。

"成"字从结盟、和解引申指做完、成功、实现目标。战国时期的思想家荀子曾经说过："道虽迩，不行不至；事虽小，不为不成。"意思是说，路途虽然很近，你不去走，就不会到达目的地；事情虽然很小，你不去做，就没有办法完成它，就不会获得成功。

孔子说："君子成人之美，不成人之恶。小人反是。"这里的"成"，作使动词用，指成全、帮助，使别人成功或帮助别人实现某种目标。品德高尚的人，总是乐意帮助别人达成心中美好的愿望，而不希望别人倒霉；心理阴暗的人则恰恰相反，永远都见不得别人好。

"成"从做完、成功、实现目标又引申指成为、变为。比如"玉不琢，不成器"，意思是说，一块玉石如果不经过雕琢、打磨，就不会变成一件有用或者有价值的器具。人也是同样的道理，不经过磨炼，就不会成才；不经过风吹雨打，就不会成长、成熟。

最后来看一个成语"功成不居"。先秦道家经典《老子》中写道："圣人处无为之事，行不言之教；万物作而弗始，生而弗有，为而弗恃，功成而弗居。"大概意思是说，圣人行事，讲求顺应自然，注重潜移默化；万物兴起繁荣，圣人不以创始者自居；万物得以生养，圣人不占为己有；圣人有所作为而不自恃其才，功成名就而不自居其功。由此可见，"功成不居"是一种十分豁达的胸怀，有这种胸怀的人，拿得起，放得下，不贪恋权位，不被名利所拘束，是人世间难得的清醒者、智慧者。

甲骨文　　　金　文

战国文字　　　篆　文

康熙字典体　　隶　书

楷　书　　　简　体

岁岁平安

有一个谜语，谜面是："多出一半（打一字）。"谜底是"岁"字。"多"字的一半是"夕"字，"出"字的一半是"山"字，"山"字和"夕"字组成"岁"字。

也可以这样理解："山中一夕，世上一岁。"在深山老林里边，没有时间观念，好像只是过了一个晚上，实际上已经过了一年。

本文讲解的字，是《千字文》中的"岁"字。岁，suì。

甲骨文的"岁"字，属于象形字，像是一把长柄斧头，"岁"的本义指兵器。"岁"字的另一种写法，是由"止"字和"戊"字组成。"止"指走路，"戊"指镰刀，意思是带着镰刀走路去收割庄稼。

"岁"字从收割庄稼引申指一年的收成。比如"丰岁",意思是收成很好,是个丰收年景;"歉岁"则是收成很差,遇上了荒年。

古时候,一年只收割一次庄稼,所以"岁"字又指一年的时间。比如唐代诗人白居易的诗句:"离离原上草,一岁一枯荣。"这里的"一岁",就是一年的意思。

"岁"字从一年又引申指每年、岁月、年龄等。比如"岁赋其二",意思是每年要交两次税;"日月逝矣,岁不我与",意思是时光流逝得很快,岁月不等人;"三岁小孩""百岁老人"的"岁",则是指年龄。

关于年龄,古人有丰富多彩的说法。儒家经典《礼记》上说:"人生十年曰幼学。"因此人们把10岁称为"幼学之年"。孔子说过:"吾十有五而志于学,三十而立,四十而不惑,五十而知天命,六十而耳顺,七十而从心所欲,不逾矩。"后来,人们就根据孔子的这段话,把15岁称为"志学之年",30岁称为"而立之年",40岁称为"不惑之年",50岁称为"知天命之年",60岁称为"耳顺之年",70岁称为"从心之年"。

过年是小孩子最高兴的事情之一,过年有守岁的习俗,还可以收到压岁钱。根据史书记载,早在晋朝的时候,人们就形成了守岁的习惯,一直延续到今天。北宋文学家孟元老在《东京梦华录》中写道,除夕之夜,"士庶之家,围炉而坐,达旦不寐,谓之守岁"。大年三十的晚上,家家户户灯火通明,人们通宵不睡觉,为的是用光明赶走黑暗中的各种妖魔鬼怪,祈求在新的一年里平平安安,吉祥如意。

传说古时候有一个小妖怪,名字叫作"祟",专门在除夕之夜出来摸熟睡中的小孩的脑袋。小孩被"祟"摸过之后,就会发烧、说胡话。人们为了防止"祟"出来伤害孩子,就在孩子的枕头旁边放上几枚铜钱,称为"压祟钱","祟"看见铜钱发出来的光亮,就不敢伤害孩子了。由于"作祟"的"祟"和"岁月"的"岁"同音,时间一长,"压祟钱"就变成了"压岁钱"。

北宋文学家苏轼在《守岁》一诗中写道:"努力尽今夕,少年犹可夸。"年轻人应当珍惜时间,努力奋斗,切莫蹉跎岁月,一事无成。

甲骨文　　　金文

战国文字　　篆文

康熙字典体　　隶书

楷书

律己宜带秋风

　　云对雨，雪对风，晚照对晴空。来鸿对去燕，宿鸟对鸣虫。三尺剑，六钧弓，岭北对江东。人间清暑殿，天上广寒宫。两岸晓烟杨柳绿，一园春雨杏花红。两鬓风霜，途次早行之客；一蓑烟雨，溪边晚钓之翁。

　　这是清代学者车万育编的《声律启蒙》的第一小节。

　　什么是声律？声律就是语言的声调和韵律。众所周知，汉字属于单音节字，为了让我们说的话优美动听、写的文章赏心悦目，在普通话中，我们把语言的声调分为一、二、三、四声，使之抑扬顿挫，高低起伏，又采取对偶、押韵等修辞手法，来加强语言的节奏感和音乐感。

　　前文《太阳偏西称为"昃"》在讲解"昃"字的时候，曾经提到过古代汉语的平仄，平仄也属于声律的范畴。古代的格律诗是非常讲究平仄的，如果某句诗不符合平仄的规律，就称之为"失律"。

本文讲解的字，是《千字文》中的"律"字。律，lǜ。

甲骨文的"律"字，属于会意字，像是一个人手拿竹竿在撑船。竹竿一上一下，一左一右，形成了反复、均匀而有规律的动作。"律"的本义指撑着竹竿行船，由此引申指规则、法则，比如"定律""格律""周期律"等。

也有学者认为，"律"字左边的双人旁（彳）是表示行动的义符，右边则像是手拿毛笔的形状，表示制定和执行法律。

还有学者认为，"律"字像是手拿权杖的人，让所有的人都往岔路上走，由此产生出一律、约束、命令的含义，引申指规章、法律和音律。

在日常生活中，我们所说的"律师"，指的是受当事人委托或法院指定，依法协助当事人进行诉讼，出庭辩护，以及处理有关法律事务的专业人员，通俗地说，就是帮别人打官司的人。但是在唐朝的时候，"律师"则是道士的一种称号。比如唐朝的法典《唐六典》就写道："道士修行有三号，其一曰法师，其二曰威仪师，其三曰律师。"而在佛教中，"律师"指的则是善于解说戒律的人。

我国先秦诗歌总集《诗经》中说："南山律律，飘风弗弗。"这里的"律律"，意思是山峰高大、耸立的样子。

清代文学家张潮在《幽梦影》中写道："律己宜带秋风，处事宜带春风。"意思是说，一个人约束自己应当像秋风一样严肃，为人处世则要像春风一样温暖。据《后汉书·杨震传》记载，东汉有一位官员名叫杨震，有一天晚上，他曾经提拔过的一名部下送来十斤黄金作为礼物，劝他收下，并且说："现在夜已经很深了，没有人会知道这件事的。"杨震听了，感到非常失望，就批评他说："天知，地知，你知，我知，怎么能说没有人知道呢？"杨震为官清廉，经常教导子孙要清清白白做人，不要贪图不义之财。他半夜拒绝收取礼金的故事，在历史上被传为美谈。

懂得自律，自己把自己管好，这是一个人心智成熟的表现。如果一个成年人还整天需要别人唠唠叨叨地管教，需要通过外部的强制力才能约束自己的言行，那么，他就和一个需要家长和老师管教的孩子没有什么区别了。

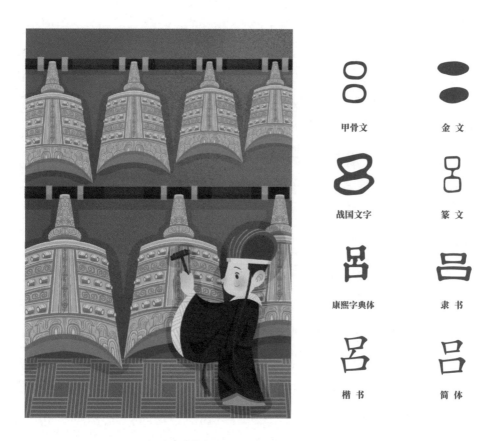

甲骨文　　　金文

战国文字　　　篆文

康熙字典体　　　隶书

楷书　　　简体

洪钟大吕，大扣大鸣

在先秦诸子"百家争鸣"的时代，有一本书叫《吕氏春秋》，这是秦国的相国吕不韦组织他的门客集体编写的一部重要作品，目的是为秦国统一六国制造舆论。

西汉历史学家司马迁在《史记》中写道，《吕氏春秋》完稿后，"布咸阳市门，悬千金其上，延诸侯游士宾客有能增损一字者予千金"。意思是，吕不韦把书稿张贴在秦国都城咸阳的门外，向社会公众征求修改意见。诸侯各国的游士宾客，如果有谁能够对书稿增添或删减一个字的，就奖励一千金。秦国的"一金"，等于二十两黄铜，一千金就是两万两黄铜，可见这个奖励还是很高的。后人常用的典故"一字千金"和"吕相金"，就是从这个故事来的，形容文章写得很好，文辞精妙，一个字都改不了。

本文讲解的字，是《千字文》中的"吕"字。吕，lǚ。

甲骨文的"吕"字，属于象形字，两个方口像两块骨头连在一起，代表人或动物的脊骨。"吕"的本义指脊骨。东汉文字学家许慎在《说文解字》中指出："吕，脊骨也。象形。昔太岳为禹心吕之臣，故封吕侯。"这里的"太岳"，是大禹时代的一名官员，因为协助大禹治水，劳苦功高，所以被封为吕国的王侯。吕国在今天河南省南阳市，也就是吕姓的发源地。我们知道，姜太公姜子牙本来姓姜，名尚，由于他的祖先被封为吕侯，因此他以祖先的封国为姓，又名吕尚。在《说文解字》的这段话中，还有一个词"心吕之臣"，心脏和脊骨都是人体重要的部位，因此这个词的意思就是心腹重臣。

随着文字的演变，"吕"字不再表示脊骨的意思，于是人们又另外造了一个同音的"膂"字来表示脊梁骨，就是旅游的"旅"字，底下加月亮的"月"字。

有的学者认为，"吕"字由两个"口"字组成，表示很多嘴巴同时发声，大家一起合唱。"吕"字由此引申指音乐中的音律。我国古代音乐分为十二音律，也就是十二个半音阶。这十二个半音阶，从低音到高音依次为黄钟、大吕、太蔟、夹钟、姑洗、仲吕、蕤宾、林钟、夷则、南吕、无射和应钟。成语"黄钟大吕"就是从十二音律而来的，形容音乐或文辞正大、庄严、高妙、和谐。

在十二音律中，从低音管算起排在单数位置的属于"阳律"，有六个，称为"六律"；排在双数位置的属于"阴律"，也有六个，称为"六吕"。十二音律因此又合称为"律吕"。

伟大的爱国诗人屈原在《卜居》中写道："世溷浊而不清，蝉翼为重，千钧为轻；黄钟毁弃，瓦釜雷鸣；谗人高张，贤士无名。吁嗟默默兮，谁知吾之廉贞！"声音雄浑的黄钟被砸烂丢在一边，那些瓦制的乐器却被敲得震天响，在这里，诗人用"黄钟毁弃，瓦釜雷鸣"的比喻来控诉小人当道、英雄无用武之地的黑暗政治环境，至今读来，仍然有力穿纸背、振聋发聩的感觉。

明代文学家李卓吾曾经说过："洪钟大吕，大扣大鸣，小扣小应，俱系精神骨髓所在。"那些具有"吕"字的脊梁精神，发洪钟大吕之声，做洪钟大吕之事，鞠躬尽瘁服务社会的人，永远值得我们敬仰。

篆文　　　　康熙字典体

隶书　　　　楷书

简体

扫码听音频

"调羹"原来是宰相

在日常生活中，当我们说到"调羹"这个词的时候，通常指的是汤匙，也就是喝汤用的一种小勺子。不过在古代，"调羹"还有宰相的意思。

据先秦史书《尚书》记载，商朝的天子武丁曾经对宰相傅说说过这样一句话："若作和羹，尔惟盐梅。"意思是说，如果要煮羹熬汤，你就是那调和味道的盐和梅，酸度和咸度要适中。治理国家，也像调和汤水的味道一样，需要有高超的协调艺术。后来，人们就用"调羹"这个词指称宰相的职位，或者比喻治理国家政事。

在古代，富贵人家通常用鼎来烹煮汤水，因此"调鼎"这个词的意思和"调羹"一样，指的也是宰相。比如唐代诗人孟浩然的诗句："未逢调鼎用，徒有济川心。"意思是说，如果没有机会像宰相那样获得朝廷重用，那么即使你胸怀治理天下的大志，也是一件徒劳的事情。

本文讲解的字，是《千字文》中的"调"字。调，tiáo。

东汉文字学家许慎在《说文解字》中指出："调，和也。从言，周声。"篆文的"调"字，属于形声字，言字旁是义符，表示协商、商议；"周"是声符，表示读音。"调"的本义指配合、和谐。我们也可以这样理解："言"字和"周"字合在一起，意思是，如果说话周密、周全，就可以有效地化解各种矛盾，营造和谐的氛围。

"调"字从配合、和谐引申指调配均匀、合适，比如"调味""调试""调油漆"等。由此又引申指调理、治疗，比如唐代诗人刘禹锡的诗句："法酒调神气，清琴入性灵。"还可引申指训练、驯服，比如西汉经典著作《盐铁论》中的句子："无鞭策，虽造父不能调驷马。"意思是说，如果没有马鞭来赶马，即便像造父这样的驾车能手，也没有办法驾驭好良马。此外，"调"字还有弹奏乐器、挑逗戏弄等含义。比如刘禹锡《陋室铭》中的句子："可以调素琴，阅金经。"这里的"调"，意思是弹奏。而汉代诗人辛延年的诗句："依倚将军势，调笑酒家胡。"这里的"调"，指的是挑逗戏弄。

"调"字是多音多义字，当它念"diào"的时候，有选拔、提拔、安排、变动、发放、互换等含义。在音乐上，"调"指韵律，比如"曲调""音调"等；也指乐曲中乐音的音高，比如这首歌曲属于 A 调或 C 调。此外，"调"字还有风度、才情、腔调等含义，比如"格调""情调""南腔北调""油腔滑调"等。

需要注意的是，"调"字还有一个不太常用的读音，念 zhōu，意思是早晨。比如我国先秦诗歌总集《诗经》中的句子："未见君子，惄如调饥。"这里的"调饥"，指的就是早晨没有吃东西的时候那种饥饿的状态，形容对某个人极端想念的心情。

我们要走好人生的道路，需要协调好人与自我、人与社会、人与自然的关系，这样才能为实现自己的人生价值创造一个和谐的环境。

甲骨文	金文
战国文字	篆文
康熙字典体	隶书
楷书	简体

阳春有脚，温暖人间

太阳啊——神速的金乌——太阳！
让我骑着你每日绕行地球一周，
也便能天天望见一次家乡！

太阳啊，楼角新升的太阳！
不是刚从我们东方来的吗？
我的家乡此刻可都依然无恙？
……

太阳啊，慈光普照的太阳！

往后我看见你时，就当回家一次；

我的家乡不在地下乃在天上！

上文引自现代著名诗人闻一多先生的作品《太阳吟》。这首诗是诗人在1922年留学美国期间创作的，表达了身处海外的游子对祖国和家乡的殷切思念之情。作品中"让我骑着你每日绕行地球一周""我的家乡不在地下乃在天上"等诗句，充分展现了诗人的激情和想象力。

本文讲解的字，是《千字文》中的"阳"字。阳，yáng。

甲骨文的"阳"字，属于会意兼形声字。"阳"字的左边，是一个"阜"字，像是山崖边的石台阶，表示升高的意思；右边则像一盏升高的明灯，非常明亮。随着文字的演变，"阳"字的左边变成了左耳旁，右边变成了"昜"字。"昜"既是表示读音的声符，也是表示含义的义符，指开阔、敞亮。最后经过进一步的简化，"昜"字又改成了"日"字。

东汉文字学家许慎在《说文解字》中指出："阳，高明也。""阳"的本义指明亮。比如三国时期魏国著名诗人曹植《洛神赋》中的句子："神光离合，乍阴乍阳。"这里的"阳"，意思就是明亮。"阳"字从明亮引申指鲜艳。前文《因为"黑"，所以"玄"》在谈论"玄"字的时候，曾经引用过《诗经》中的诗句："载玄载黄，我朱孔阳。""孔阳"就是十分鲜艳的意思。

有的学者认为，"阳"字的右边像是太阳升到了祭神用的石桌上方。日本著名汉字学家白川静先生则认为，义符"昜"表示桌子上摆放着具有神灵力量的玉石，玉石向下发出光芒。古人相信，人受到玉石光芒的照射，会精气旺盛，容光焕发。这些说法，可供我们学习参考。

也有学者认为，"阜"字表示土山，"昜"字表示阳光，整个字的含义指山的向阳面，也就是南面。因此，人们把太阳东升时阳光照射到山的南面或水的北面也称为"阳"。我们熟悉的一些地名，就是从"阳"字的这个含义得来的。比如，"衡阳"指衡山的南面，"洛阳"指洛河的北面，等等。

"阳"字从光明、明亮、向阳面引申指太阳、温暖、表面、正面、凸起面、人世间等含义。需要注意的是，在西汉史书《汉书》刘邦的传记中，有这样一句话："阳尊怀王为义帝。"这里的"阳"字，是"佯"的通假字，意思是假装。

唐朝唐玄宗时期，宰相宋璟为官清正耿直，敢于得罪权贵，关心百姓疾苦，为老百姓做了很多好事，所以人们都亲切地把他称为"有脚阳春"，意思是说，宋璟就像春天的太阳那样，走到哪里都能给人带来温暖。这个故事，记载在五代时期著名文学家王仁裕写的《开元天宝遗事》里。后来，人们就用"阳春有脚"或"有脚阳春"来比喻给人带来温暖，或者形容为官者施行德政。

全心全意为人民谋幸福的人，人民会永远把他记在心里。

阳春有脚（太康书）

天时不可违，天道不可逆

——《千字文》第二节概述

寒来暑往，秋收冬藏。
闰余成岁，律吕调阳。
（梁书惠，12岁书）

前文对《千字文》第二节的16个字"寒来暑往，秋收冬藏。闰余成岁，律吕调阳"进行了单个字的讲解，本文串讲这一节的内容。

"寒来暑往"说的是气候变化，出自先秦经典《周易》。《周易》写道："寒往则暑来，暑往则寒来，寒暑相推而岁成焉。"一年之中，有冷天，有热天，气候的变化形成了春、夏、秋、冬四个季节。一年以四季为一个周期，循环往复，周而复始。

"秋收冬藏"说的是季节变化，出自西汉哲学经典《淮南子》。《淮南子》写道："四时者，春生、夏长、秋收、冬藏。"地里的农作物，随着季节的变化而生长成熟。人们在秋天收获粮食，到了冬天，则把粮食储藏起来，以便过冬。

前文在讲解"寒"字和"暑"字的时候曾提到，我国古代先民在长期的农耕劳动中，根据气候和季节的变化，制定了二十四节气，并按照节气来安排农事，以获得良好的收成。一年有12个月，每个月有两个节气，分别是1月的小寒、大寒，2月的立春、雨水，3月的惊蛰、春分，4月的清明、谷雨，5月的立夏、小满，6月的芒种、夏至，7月的小暑、大暑，8月的立秋、处暑，9月的白露、秋分，10月的寒露、霜降，11月的立冬、小雪，以及12月的大雪、冬至。为了方便记忆，人们把二十四节气编成了一首歌谣："春雨惊春清谷天，夏满芒夏暑相连。秋处露秋寒霜降，冬雪雪冬小大寒。"立春是农历中每年春季的开始，是春天的第一个节气，所以在歌谣中排在第一位，其他节气依次排序，直到大寒。

节气在先秦时代就有了，不过那时候还没有最终定型。西汉时期编写的《淮南子》，第一次对二十四节气进行了完整、详细的介绍。二十四节气是我国古代劳动人民智慧的结晶，是世界非物质文化遗产，也是人类文明的瑰宝。

"闰余成岁"说的是时间变化，出自先秦史书《尚书》。《尚书》写道："期三百有六旬有六日，以闰月定四时，成岁。"前文在讲解"闰"字的时候曾经说过，以月亮的圆缺变化为周期而计算的一年叫"阴历年"，有354天，而以太阳的运行位置变化为周期而计算的一年叫"阳历年"，有365天，这两者之间相差了11天。为了调整这个时间上的差别，人们采用了闰月的办法，就是每三年在阴历年中多加一个月，变成 13 个月。

此外，一个太阳年有 365 天 5 小时 48 分 46 秒，这比阳历年的 365 天多出了将近 6 个小时。为了调整这两者的时间差，人们在阳历中每四年就给 2 月多加一天，使 2 月的 28 天增加到 29 天。2 月多加的这一天，称为"闰日"。有"闰日"或者"闰月"的年份，称为"闰年"。

"律吕调阳"，说的是阴阳变化。前文在讲解"律"字和"吕"字的时候曾经说过，我国古代音乐分为十二音律，其中阳律六个，称为"六律"，阴律六个，称为"六吕"，合起来称为"律吕"。

根据史书记载，上古时期，黄帝手下有一位乐师，名叫"伶伦"。为了给十二音律测定标准音，伶伦找来匀称的竹子，裁成 12 根长短不一的竹管。这些竹管一端有竹节，另一端则开着口子，最长的 9 寸，最短的 4 寸 6 分，按照长短次序排列在一起，插到泥土中。随后，伶伦把芦苇里的薄膜烧成灰，在每根竹管里装满灰，并且用丝布把竹管的管口封住。这些灰很轻，只要泥土里的阳气和阴气发生变化，它们就会飞起来，在竹管里发出声音。12 根竹管有 12 种声音，这样，十二音律的标准音就定下来了。和律吕相对应，给六律定音的竹管称为"律管"，给六吕定音的竹管称为"吕管"。

由于这 12 根竹管是利用泥土里的阳气和阴气的变化来发出声音的，因此人们又把十二音律和一年的 12 个月以及 24 个节气联系起来。比如最长的 9 寸管，发出来的声音称为"黄钟"，对应的月份为阴历十一月，对应的节气是冬至。以此类推。

唐代诗人杜甫在《小至》这首诗中写道："天时人事日相催，冬至阳生春又来。刺绣五纹添弱线，吹葭六管动浮灰。"其中的"吹葭六管动浮灰"，说的正是冬至时节，阳气萌生，律管中的葭灰飞动起来，发出了黄钟的声音。诗句中的"葭"，指"葭莩"，也就是芦苇里的薄膜。

有的学者认为，"律吕调阳"应该是"律召调阳"，由于书法上的笔误，导致《千字文》在传抄的过程中，把"召"字错写成了"吕"字。这个说法可供我们参考。

"寒来暑往，秋收冬藏。闰余成岁，律吕调阳"，概括起来说，意思就是，一年四季，冷热交替；秋天收获，冬天贮藏；每年多余出来的日子，累积成闰月加在闰年里；六律和六吕与12个月相配，可以调和阴阳。

古人从观察气候、季节、时间和阴阳的变化中，总结规律，指导农事，安排生活，这充分体现了对自然规律的尊重和敬畏。人类历史已经反复证明，自然规律不可违背，凡是有违天时、逆天而行者，必将遭受天道的惩罚。

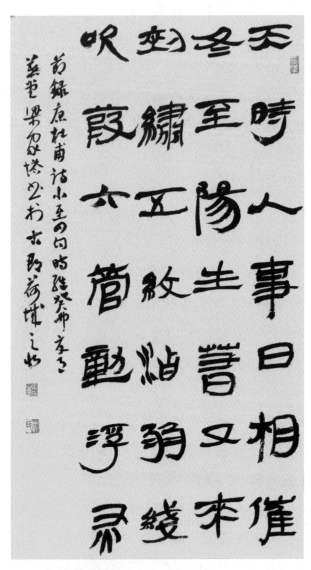

天时人事日相催，冬至阳生春又来。
刺绣五纹添弱线，吹葭六管动浮灰。
〔唐·杜甫诗，梁家塔书〕

甲骨文	金文
战国文字	篆文
康熙字典体	隶书
楷书	简体

不畏浮云遮望眼

在古典小说《西游记》第二回中，孙悟空向师父汇报自己的修炼成果，说他已经学会了"飞举腾云"的法术。结果师父看了他的表演之后，笑着说道："你学到的本领还称不上'腾云'，最多只能算是'爬云'！"师父告诉孙悟空，真正的"腾云"，是"朝游北海暮苍梧"，"念动真言，攒紧了拳，将身一抖，跳将起来，一筋斗就有十万八千里路"。孙悟空听了，又用了一个晚上的时间来修炼法术，最终学会了"筋斗云"。踩着云朵，翻一个筋斗就可以走十万八千里路，《西游记》中关于"筋斗云"的描写，展现了古代小说家惊人的想象力。

本文讲解的字，是《千字文》中的"云"字。云，yún。

甲骨文的"云"字，属于象形字，像天空中卷曲的云朵。"云"的本义指云彩，就是天空中悬浮的由水滴、冰晶聚集形成的物体。

随着语言的演变，"云"字被借用来表示"说"的意思。比如"诗云"，就是"《诗经》说"的意思。于是，人们又给"云"字加了一个雨字头（雲），变成繁体的"雲"字，用来专指云朵。在古书里，凡是繁体的"雲"字，指的都是天空中的云彩，而简体的"云"字，通常指说话、陈述、引述。最后经过简化，"云彩"和"说话"这两种意思都统一用简体的"云"字来表达了。

"云"字从云朵引申指像云朵一样的事物。比如南北朝时期的乐府民歌《木兰诗》中的句子："当窗理云鬓，对镜贴花黄。"这里的"云鬓"，意思就是像云朵一样茂盛美丽的头发。因为云朵是漂浮在天空中的，所以"云"又引申指高，比如"云天""云梯"等。

在古汉语中，"云"字作助词用的时候是没有意义的，可以出现在句子的开头、中间或末尾。比如"云谁之思"，实际上是"谁之思"，意思是思念谁；"岁云暮矣"，实际上是"岁暮矣"，指年终、岁末；"其声殷云"，实际上是"其声殷"，指声音像打雷一样。

在古典诗词中，有大量借助云彩来写景、抒情、议论、述怀的佳句。比如"莫锁白云路，白云多误人""行到水穷处，坐看云起时""黄河远上白云间，一片孤城万仞山""朝辞白帝彩云间，千里江陵一日还""三十功名尘与土，八千里路云和月""云中谁寄锦书来，雁字回时，月满西楼""碧云天，黄叶地，秋色连波，波上寒烟翠"等。

北宋著名政治家、思想家、文学家王安石写有一首诗《登飞来峰》："飞来山上千寻塔，闻说鸡鸣见日升。不畏浮云遮望眼，自缘身在最高层。"这是一首借景说理、意境深远的佳作。诗中的"最高层"，并不是指职位最高、权力最大，而是指最高处。站在山峰的最高处，就不会被眼前飘来飘去的云朵挡住视线；胸怀坦荡，眼界开阔，头脑清醒，明辨是非，就不会被表面的假象所蒙蔽，就不会在风云莫测的尘世间陷进五里云雾，人云亦云，甚至不知所云。

能够拨云见日的人，常常是那些保持云心月性的人。

战国文字 篆 文

腾 腾
康熙字典体 隶 书

騰 腾
楷 书 简 体

扫码听音频

飞黄腾踏去，不能顾蟾蜍

　　有两个字谜，一个是："人出阳关乘白马，明月西落是君家。（打一字）"另一个是："夫人回娘家，头戴两朵花。住了一个月，骑马转回家。（打一字）"这两个谜语的谜底都是"腾"字。谜面是根据"腾"字的字形结构来出的。

　　本文讲解的字，是《千字文》中的"腾"字。腾，téng。

　　"腾"字属于形声字。在战国文字中，"腾"由"马"字和"朕"字组成。"马"是义符，表示奔跑的意思；"朕"是声符，表示读音。也有学者认为，"朕"的意思是坐船，"腾"表示弃船上岸骑马。由此，"腾"字产生了上升、跳跃、奔驰等含义。

　　东汉文字学家许慎在《说文解字》中指出："腾，传也。从马，朕声。"随着文字的演化，"腾"字从"马"字旁变成了"月"字旁。"腾"的本义指通过驿站传递。比如"腾书"，就是通过驿站传送文书。

"腾"字从传送、传递引申指传播、流传。比如唐代诗人李白《留别金陵诸公》中的诗句"诗腾颜谢名"，意思是说，诗人颜延之和谢灵运的名声流传久远。此外，"腾"字还有乘、驾、挪移等引申义，比如"腾云驾雾""腾出时间读书"等。

成语"杀气腾腾"中的"腾腾"，指气势旺盛的样子。"腾蛟起凤"，则是比喻才华焕发，就像蛟龙腾跃、凤凰起舞那样。

唐代著名文学家韩愈有一首诗《符读书城南》，是勉励他的长子韩符发奋读书、出人头地的。其中写道："木之就规矩，在梓匠轮舆。人之能为人，由腹有诗书。诗书勤乃有，不勤腹空虚。欲知学之力，贤愚同一初。由其不能学，所入遂异闾。两家各生子，提孩巧相如。少长聚嬉戏，不殊同队鱼。年至十二三，头角稍相疏。二十渐乖张，清沟映污渠。三十骨骼成，乃一龙一猪。飞黄腾踏去，不能顾蟾蜍。一为马前卒，鞭背生虫蛆。一为公与相，潭潭府中居。问之何因尔，学与不学欤。"

诗句的大概意思是说，木不雕，不成器，人不学，不成才。站在同一起跑线上的两个小孩，长大以后，一个成了"龙"，地位显赫，一个成了"猪"，地位卑微。导致后来出现这种鲜明对比的原因，就在于是否勤奋好学。诗中的"飞黄腾踏去，不能顾蟾蜍"，意思是说，飞奔而去的骏马看不见地上的癞蛤蟆，比喻学识不同的人所能达到的境界也不一样。成语"飞黄腾达"就是从这里来的。

"飞黄"又叫"乘黄"，是我国古代神话传说中的一种神马。根据古代地理著作《山海经》的记载，这种神马样子像狐狸，背上长着角，人骑上它，可以活到两千岁。"飞黄腾达"比喻一个人的官职、地位上升得很快，就像骑上了神马飞奔一样。不过这个词在今天大多用于贬义，具有讽刺的意味。

我们读书求学是为了增广见闻，丰富涵养，提升能力，做一个对社会有用的人，而不是为了飞黄腾达。

甲骨文　　金文

战国文字　　篆文

康熙字典体　　隶书

楷书

"致仕"意思是退休

古之欲明明德于天下者，先治其国；欲治其国者，先齐其家；欲齐其家者，先修其身；欲修其身者，先正其心；欲正其心者，先诚其意；欲诚其意者，先致其知。致知在格物。物格而后知至，知至而后意诚，意诚而后心正，心正而后身修，身修而后家齐，家齐而后国治，国治而后天下平。

上文引自儒家经典《大学》。这段话的意思是说，一个有大志向、想做一番大事业的人，需要从自己做起，从身边的小事做起；只有先让自己成为别人的好榜样，才会对家庭、族群产生积极的影响，进而对国家、社会有所贡献，最终获得天下人的肯定和敬佩。

《大学》指出："物有本末，事有终始；知所先后，则近道矣。"意思是说，世间万物都有主要和次要的一面，所有的事情都有开端和结局；清楚地知道哪些事情应该先做，哪些事情可以晚一点再做，脚踏实地，循序渐进，逐步实现自己的目标，这是符合事物的发展规律的。修身、齐家、治国、平天下，这就是儒家所倡导的从为人处世到治国理政的先后次序。

而修身的根本，又在于"格物致知"，也就是追求知识和真理。"格物"指探寻事物发展的规律，"致知"则指增长知识和见闻。"致知"的"致"，在这里是"获得"的意思。

本文讲解的字，是《千字文》中的"致"字。致，zhì。

甲骨文和金文的"致"字，属于形声兼会意字，由"至"字和"人"字组成，表示人把东西送达；"至"字兼表读音。随着文字的演变，"人"字变成了反文旁（攵），强调了用脚走路的含义。东汉文字学家许慎在《说文解字》中指出："致，送诣也。""致"的本义指送往、送到，比如"致电""致函""致信"等。

"致"字从送往、送到引申指到达、达到。比如"升平可致"，意思是可以达到太平盛世。又比如先秦儒家著作《荀子》中的句子："假舆马者，非利足也，而致千里。"这里的"致千里"，意思是到达千里之远的地方。

"致"字从到达、达到又引申指招来、引来，比如"招致""导致""致使"等；还引申指表达、传达，比如"致意""致谢""致敬"等。

唐代诗人白居易有一首诗《不致仕》："七十而致仕，礼法有明文。何乃贪荣者，斯言如不闻。可怜八九十，齿堕双眸昏。朝露贪名利，夕阳忧子孙。""致"字在这里是归还的意思。所谓"致仕"，就是把官位归还给朝廷，也就是辞去官职，退休回家。根据唐朝的规章制度，人到 70 岁就应该退休了，可是有的人却贪恋权位以及权位所带来的利益，直到牙齿掉光、老眼昏花了还不愿意退休，还想着为自己和子孙后代积累家产。"朝露贪名利，夕阳忧子孙"，白居易的这两句诗，对那些年事已高仍紧紧抓住权位不放的朝廷命官，是一种莫大的讽刺。

权力与金钱都是生不带来、死不带去的身外之物，不妨看淡一些；如果过于贪恋，未免害人害己，得不偿失。

甲骨文　　　　金文

战国文字　　　篆文

康熙字典体　　隶书

楷书

好雨知时节

唐代诗人杜甫《春夜喜雨》云："好雨知时节，当春乃发生。随风潜入夜，润物细无声。野径云俱黑，江船火独明。晓看红湿处，花重锦官城。"

在二十四节气中，有一个节气叫作"雨水"。雨水是反映降水量的节气，时间在公历每年 2 月 18 日至 20 日之间。这时，冬季干冷的天气将要结束，气温回暖，湿度加大，雨量增多，所以叫"雨水"。气温回升，降雨增多，对农作物的生长非常有利，因此民间有"春雨贵如油"的说法。所谓"好雨知时节"，指的也正是这个意思。一夜之间，在不知不觉中，所有的植物都获得了雨水的滋润，城里的花儿挂满了水滴，沉甸甸的，真是一场好雨，令人满心欢喜。

本文讲解的字，是《千字文》中的"雨"字。雨，yǔ。

好雨知时节，当春乃发生。随风潜入夜，润物细无声。
野径云俱黑，江船火独明。晓看红湿处，花重锦官城。
（唐·杜甫诗，陈良书）

　　甲骨文的"雨"字，属于象形字。上边一横，表示云层，下边则像由雨滴形成的水帘。东汉文字学家许慎在《说文解字》中指出："雨，水从云下也。""雨"的本义指下雨，就是水滴从云层中落下来。

　　因此，"雨"字起初是一个动词，念"yù"。比如，我国先秦诗歌总集

《诗经》中的诗句："雨我公田，遂及我私。"意思是，下雨既要下到我的公田，也要下到我的私田。从下雨引申指像雨水一样降落。比如西汉哲学经典《淮南子》中的句子："昔者仓颉作书，天雨粟，鬼夜哭。"意思是说，从前仓颉发明文字的时候，天上像下雨一样掉了很多小米，各种妖魔鬼怪在晚上号啕大哭。从像雨水一样降落又引申指密集地射击或投掷。比如古代著名兵书《孙膑兵法》中的句子："以火乱之，以矢雨之。"意思是用火扰乱敌人的阵脚，并且密集地向敌人射箭。"雨"字作动词用时，还有一个引申义，指滋润、灌溉。比如西汉文学家刘向《说苑》中的句子："吾不能以春风风人，吾不能以夏雨雨人。"意思是我既无法像春天的和风一样温暖人，也无法像夏天的雨水一样滋润人。

随着文字的演化，"雨"从动词变成名词，念"yǔ"，指雨水，比如"暴风骤雨""和风细雨"。从雨水又引申指像雨水一样的事物，比如"流星雨""枪林弹雨"等。

唐代诗人杜甫在《秋述》中写道："常时车马之客，旧，雨来；今，雨不来。"意思是说，从前，即便是下雨天，宾客们也都会来访，如今遇到下雨天，大家都不来了。后来，人们就用"旧雨"这个词指代老朋友，用"今雨"这个词指代新朋友。

唐代著名诗僧齐己在《谢中上人寄茶》这首诗中写道："春山谷雨前，并手摘芳烟。绿嫩难盈笼，清和易晚天。且招邻院客，试煮落花泉。地远劳相寄，无来又隔年。"诗中的"谷雨"，也是二十四节气当中表征降水量的一个节气，时间在公历每年4月19日至21日之间。谷雨到来，意味着寒潮天气基本结束，气温回升加快，有利于谷类农作物的生长。古人有"雨生百谷""谷得雨而生"的说法，"谷雨"的节气名称由此而来。谷雨茶是谷雨时节采制的春茶，叶质柔软，色泽翠绿，营养丰富，香气怡人。朋友以好茶相赠，所以诗僧齐己写诗答谢。

鲁迅先生在送给革命家瞿秋白的一副对联中写道："人生得一知己足矣，斯世当以同怀视之。"好朋友就像一壶好茶，值得用心去细细品味和鉴赏。

金文　战国文字

篆文　康熙字典体

隶书　楷书

"露马脚"的来历

蒹葭苍苍，白露为霜。所谓伊人，在水一方。溯洄从之，道阻且长。溯游从之，宛在水中央。

蒹葭萋萋，白露未晞。所谓伊人，在水之湄。溯洄从之，道阻且跻。溯游从之，宛在水中坻。

蒹葭采采，白露未已。所谓伊人，在水之涘。溯洄从之，道阻且右。溯游从之，宛在水中沚。

上文引自我国先秦诗歌总集《诗经》，题为《蒹葭》。所谓"蒹葭"，就是芦苇。这首诗表达的是对心上人的思念之情。意中人好像近在眼前，却又远在天边，让人苦苦追寻，十分挂念。文中"在水一方""在水中央"的优美意境，千百年来被人们传诵不已。

诗歌中反复出现的"白露"，在二十四节气里是一个表示秋天到来、天气转凉的节气，时间在公历每年9月7日至9日之间。这一天，气温下降，水汽在地面或者接近地面的物体上凝结成水珠，因此取名"白露"。民间有"白露秋风夜，一夜凉一夜"的说法。

在二十四节气中，还有一个叫作"寒露"的节气，时间在公历每年10月8日或9日。寒露到来，说明天气开始从凉爽转变为寒冷了。

本文讲解的字，是《千字文》中的"露"字。露，lù。

金文的"露"字，由雨字头（☲）和"各"字组成。到了篆文中，"各"字变成了道路的"路"字。"露"属于形声兼会意字，"雨"是义符，表示这个字与水有关；"路"是声符，表示读音，同时表示走路、路面或路边荒野之地。"露"的本义指露水。比如唐代诗人杜甫的诗句："露从今夜白，月是故乡明。"

因为露水是在房子外面凝结而成的，所以"露"又引申指在房屋之外、没有遮蔽的意思，比如"露天""露宿""露营"。

从没有遮蔽又引申指泄露、显现出来的意思，比如"流露""露骨""原形毕露""不露声色"。在口语中，表示这个含义的"露"字，也常常念作"lòu"，比如"露脸""露面"等。

先秦道家著作《庄子》中写道："田荒室露，衣食不足。"这里的"露"字是败坏、破坏的意思。道家经典《列子》中的句子："气甚猛，形甚露。"这里的"露"字，则是指羸弱、疲惫。

东汉文字学家许慎在《说文解字》中指出："露，滋润也。"因为露水能够滋润万物，所以"露"字也引申指润泽、恩泽。比如《诗经》中的诗句"露彼菅茅"，意思是茅草获得了雨露的滋润。小说《说岳全传》中的诗句："未曾受享君恩露，先向泉台泣夜萤。"这里的"露"字，指恩泽、庇护。

此外，一些配制酒、饮料和化妆品也称为"露"，比如"蔷薇露""枇杷露""花露水"等。

"初唐四杰"之一的杨炯，性情耿直，对某些朝廷官员假仁假义、自欺欺人的做派很是看不惯。他把这些官员称为"麒麟楦"，并且批评道："今哺乐假弄麒麟者，刻画头角，修饰皮毛，覆之驴上，巡场而走。及脱皮褐，还是驴马。无德而衣朱紫者，与驴覆麟皮何别矣！"意思是说，那些表里不一、品德败坏的朝廷官员，与宴会上披着麒麟的外衣来冒充麒麟表演、供人娱乐的驴和马没有什么区别，只要把伪装扒掉，驴还是驴，马还是马，而不是真正的麒麟。这个故事记录在唐代文学家张鷟写的《朝野佥载》里。俗语"露马脚"，就是从这里来的。"楦"是古人做鞋子用的一种模型，引申指虚有其表、华而不实的东西。把"麒麟楦"的外衣脱掉，马脚就露出来了。

　　一切弄虚作假、掩人耳目的伎俩，都经不起时间的考验，伪装迟早会被揭穿，真相总有一天会大白。

結　战国文字
結　篆文
結　康熙字典体
結　隶书
結　楷书
结　简体

扫码听音频

冤家宜解不宜结

　　唐代诗人孟郊《结交》诗云："铸镜须青铜，青铜易磨拭。结交远小人，小人难姑息。铸镜图鉴微，结交图相依。凡铜不可照，小人多是非。"这首诗的意思是说，我们在结交朋友的时候，要像照镜子那样，把对方的为人看个清清楚楚、明明白白，以免交友不慎，被小人蒙蔽了双眼。

　　孟郊还写有一首诗《择友》："兽中有人性，形异遭人隔。人中有兽心，几人能真识。古人形似兽，皆有大圣德。今人表似人，兽心安可测。虽笑未必和，虽哭未必戚。面结口头交，肚里生荆棘。好人常直道，不顺世间逆。恶人巧诌多，非义苟且得。若是效真人，坚心如铁石。不诌亦不欺，不奢复不溺。面无苟色容，心无诈忧惕。君子大道人，朝夕恒的的。"

这首诗对于怎样选择朋友说得更加透彻。孟郊告诫我们，结交朋友不能只看表面，应该深入了解一个人的内心。那些人面兽心、口是心非、心胸狭窄、见利忘义、暗箭伤人、损人利己的人，都是小人，不值得我们去交往。所谓"君子大道人，朝夕恒的的"，真正的君子从来都是胸怀坦荡、光明磊落、言行一致、表里如一的。这样的人，才是值得我们结交的朋友。

本文讲解的字，是《千字文》中的"结"字。结，jié。

篆文的"结"字，属于形声字，左边的"糸"字是义符，表示这个字和丝绳有关；右边的"吉"字是声符，表示读音。同时"吉"字又像是一把斧头装在了容器里，表示友好的意思。最后经过简化，原来的"糸"字变成了绞丝旁（纟）。

东汉文字学家许慎在《说文解字》中指出："结，缔也。从糸，吉声。""结"的本义指用丝绳打结。比如先秦经典《周易》写道："上古结绳而治，后世圣人易之以书契。"意思是说，在上古时代，人们用绳子打结的方法来记事，管理各种事务，后来发明了文字，方便多了。

"结"字从用丝绳打结引申指疙瘩或者像疙瘩一样的东西，比如"领结""蝴蝶结""喉结""症结"。

由于疙瘩是丝绳缠绕的结果，因此"结"字又引申指收束、终局，比如"完结""总结""结账""结束"。

丝绳可以把东西连结在一起，因此"结"字又有组织、连在一起、产生关系以及凝聚、聚合等含义，比如"结盟""结婚""结义""结伴""团结""结晶"等。

东晋文学家陶渊明有句诗："结庐在人境，而无车马喧。"这里的"结"字，意思是建造。

"结"字是一个多音多义字。当它念"jiē"时，指植物生长果实，比如"结果""结瓜"；或者指坚硬、牢固，比如"结实"。此外，还有"结巴"的"结"。

当"结"字念"jì"的时候，指的是发髻，或者作动词用，意思是捆扎。比如古诗《城中谣》里的诗句："城中好高结，四方高一尺。"这里的"结"

字是通假字，通"髻"，是发髻的意思。西汉史书《汉书》中的句子："为我结袜！"意思则是我的袜子松了，请帮我把它扎紧。

明代诗人唐伯虎写有一首《警世》诗："万事由天莫苦求，子孙绵远福悠悠。饮三杯酒休胡乱，得一帆风便可收。生事事生何日了，害人人害几时休。冤家宜解不宜结，各自回头看后头。"这首诗的意思是告诫世人为人处世应当顺其自然，见好就收，切莫贪得无厌，时时、处处、事事与人为敌。从容豁达的人生，才是快意人生。俗语"冤家宜解不宜结"就是从这里来的。

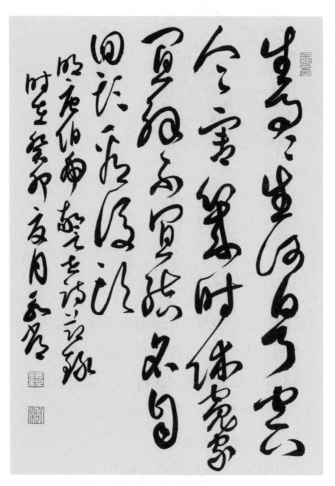

生事事生何日了，害人人害几时休。
冤家宜解不宜结，各自回头看后头。
（明·唐伯虎诗，谭永常书）

甲骨文　　金文

篆文　　康熙字典体

隶书　　楷书

简体

见义不为无勇也

在儒家经典《论语》这本书里，记录着孔子说的这样一段话："非其鬼而祭之，谄也。见义不为，无勇也。"其中的"鬼"，指的是去世的祖先。这段话的意思是说，如果不是自己的祖先，我们却跑去祭祀他们，这是一种献媚的行为；如果看见符合道义的事情，我们却没有勇气去做，这是一种懦弱的行为。成语"见义勇为"就是从这里来的。

我们倡导"见义勇为"，并不是指不自量力、不经过大脑思考而鲁莽地采取行动，而是有勇有谋、考虑周详，在保障自身安全的前提下向需要帮助的人伸出援手。司马光砸缸的故事一直为坊间津津乐道，像司马光那样救助掉进水缸里的小伙伴，就是一种聪明的见义勇为。

本文讲解的字，是《千字文》中的"为"字。为，wéi。

甲骨文的"为"字，属于会意字，像是一只手牵着大象去干活。后来经过文字的演变和简化，形成了今天简体字的写法。"为"的本义指驱赶大象去劳动。我国先秦诗歌总集《诗经》中的句子："我生之初，尚无为；我生之后，逢此百罹。"这里的"为"字，特指服劳役，是最为接近本义的。诗句的意思是说，在我小时候，人们都不用去服劳役；等我长大了，大家却遭遇了各种各样的苦难。

"为"字从驱赶大象去劳动引申指做、干，比如"见义勇为""所作所为""尽力而为"，以及"若想人不知，除非己莫为"。

从做、干又引申指建造、制作、创作。比如"为坛而盟"，指建造一座祭坛来宣誓结盟。北宋科学家沈括在《梦溪笔谈》中写道："有布衣毕昇，又为活板。"意思是平民百姓毕昇发明制作了活字印刷的模板。

"能者为师"的"为"，指充任、担当，意思是谁有才干谁就可以担当老师的职责，谁最在行我们就向谁学习。先秦史书《国语》中的句子："是故为川者决之使导，为民者宣之使言。"这里的"为"字，指治理。这句话的意思是说，治理河流的人，要疏通河道，让河水顺畅地流淌；治理民众的人，要让大家开口说话，知无不言，言无不尽，而不能把民众的嘴巴都堵住。又比如先秦法家著作《商君书》中的句子："善为国者，仓廪虽满，不偷于农。"意思是说，善于治理国家的人，即使粮仓满了，也不会忽视农业的重要性。

"为"字除了作动词用，还可以用作名词、介词、连词及助词。需要注意的是，"为"字有一个比较特殊的用法，就是用作假设连词，表示如果的意思。比如先秦法家著作《韩非子》中的句子："王甚喜人之掩口也，为近王，必掩口。"意思是说，大王特别喜欢遮着嘴巴和鼻子的人，如果你接近他，一定要记得把自己的嘴巴和鼻子捂住。

此外，"为"字还是一个多音多义字，当它念"wèi"时，通常作介词用，表示给、替、为了、因为等意思。比如先秦儒家著作《荀子》中的句子："天之生民，非为君也，天之立君，以为民也。"意思是说，老百姓并不是天生就是为君主服务的，而君主是要为老百姓服务的。这是我国古代先民朴素的"民本思想"的反映，是一种难能可贵的思想观念。

篆 文　　　　康熙字典体

隶 书　　　　楷 书

扫码听音频

履霜而知坚冰至

　　古人在喝酒的时候，喜欢玩一些游戏来助兴，如果有谁违反了游戏规则，就会被罚酒。人们把酒席上的这种娱乐游戏称为"酒令"。据说酒令在西周的时候就有了，经过代代相传，逐渐形成了中国特有的酒令文化。

　　文人雅士的酒令，通常与文字、诗词有关，这样一来，喝酒就不是纯粹的喝酒了。在行令饮酒的过程中，既活跃了气氛、加深了感情，又普及了知识、传播了文化。

　　明代文学家冯梦龙写的《古今谭概》这本书，记载了很多与酒令有关的故事。其中有一个故事是这样说的，从前有一位官员，请当地的文化人吃饭喝酒，酒令的要求是要拆字，拆完字之后，还要加上两句俗语。确定规则后，游戏开始。有人说道："单青也是青，加点也是清。除却清边点，加心却为情。俗语云：'火烧纸马铺，落得做人情。'"青年的"青"字，加上三点水（氵），变成清楚的"清"字；把三点水去掉，加上竖心旁（忄），又变成了感情的"情"字。与"情"字有关的俗语是："火烧纸马铺，落得做人情。"古时候的纸马铺，卖的是纸马、蜡烛等祭祀用品，这些东西本来就是拿来烧的，因而有此一说。

另外一个人接着说道："单相也是相，加点也是湘。除却湘边点，加雨却为霜。俗语云：'各人自扫门前雪，莫管他人瓦上霜。'"相互的"相"字，加上三点水，变成湘菜的"湘"字；把三点水去掉，加上雨字头（雨），又变成了冰霜的"霜"字。与"霜"字有关的俗语是："各人自扫门前雪，莫管他人瓦上霜。"意思是说，自己管好自己的事情就可以了，不要多管闲事。

本文讲解的字，是《千字文》中的"霜"字。霜，shuāng。

篆文的"霜"字，属于形声字，雨字头是义符，表示这个字和雨水有关；"相"是声符，表示读音。"霜"的本义指冰霜，也就是气温下降到零摄氏度以下时，水汽在地面或物体上凝结而成的一种白色结晶体。唐代诗人李白《静夜思》中的诗句："床前明月光，疑是地上霜。"这里的"霜"，就是地面上的白色结晶体。

在二十四节气中，有一个节气叫作"霜降"，时间在公历每年10月23日或24日。霜降到来，表示天气越来越冷，露水都凝结成霜花了。霜降是秋天的最后一个节气，因此"霜天"指的就是深秋的天空或天气。比如隋朝诗人薛道衡《出塞》中的诗句："塞夜哀笛曲，霜天断雁声。"

"霜"字从霜花引申指像霜一样的白色粉末或细小颗粒，比如"砒霜""盐霜""西瓜霜"。因为霜花是白色的，所以"霜"字又有白色或变成白色的意思。比如南朝诗人范云《送别》中的诗句："不愁书难寄，但恐鬓将霜。"

"霜节"的"霜"，指品格高尚纯洁；"霜刀"的"霜"，指锋利且闪着白光；"霜威"的"霜"，则指冷酷、严厉，这些都是"霜"字的引申义。

此外，"霜"字还可以用来表示年岁。比如唐代诗人贾岛《渡桑乾》中的诗句："客舍并州已十霜，归心日夜忆咸阳。"这里的"十霜"，意思是十年。

在先秦经典《周易》中有这样一句话："履霜，坚冰至。"意思是说，当你踩到地上的霜花的时候，就应当明白，寒冬很快就要到来了。从身边环境的细微变化中，总结事物发展的规律，判断事态发展的趋向，这是古人教给我们的生活智慧。

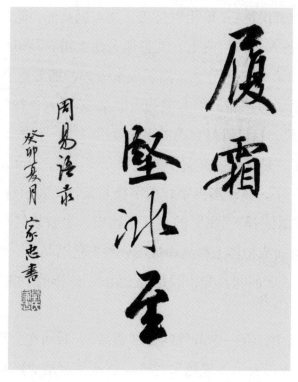

履霜，坚冰至。（刘家忠书）

金文　金文

战国文字　篆文

康熙字典体　隶书

楷书

万金买高爵，何处买青春

在清朝游戏主人收集整理、编辑的《笑林广记》里，有一个笑话，说的是从前有一个官员，准备审理一桩案件，原告为了打赢官司，偷偷给这个官员送了50两黄金。被告不知道从哪里听到了消息，赶紧也在暗地里给这个官员送了100两黄金。等到升堂判案的时候，这个官员不问青红皂白，首先命令手下把原告狠狠地打了一顿。原告感到非常委屈，连忙伸出五个手指头说："大人，真是冤枉啊，小的是有理的！"这个官员听了，左手伸出五个手指头，回答说："没错，你确实是有理的。"然后他又张开右手的五个手指头，压在左手上，继续说道："可是，被告比你更有理啊！"

在这个笑话中，"金子"成了道理的代名词，谁送的金子更多，谁就更有道理。在皇权时代，贪官污吏横行霸道，糊涂官乱判糊涂案，平民百姓有苦难诉，有冤难申，因此民间有"自古衙门八字开，有理无钱莫进来"的说法。这个笑话，是对古代社会司法黑暗和腐败的莫大讽刺。

本文讲解的字，是《千字文》中的"金"字。金，jīn。

金文的"金"字，属于象形、会意兼形声字，为左右结构。左边的两点像两块铜饼，右边的上半部分像箭头，下半部分则像斧头。"金"的本义指可以用来制作箭头和斧头的金属。

东汉文字学家许慎在《说文解字》中指出："金，五色金也。黄为之长。久薶不生衣，百炼不轻，从革不违。西方之行，生于土。从土，左右注，象金在土中形，今声。"许慎的这个解释，是根据篆文的"金"字来说的，意思是，"金"是白、青、红、黑、黄五种颜色金属的总称，其中又以黄金最为宝贵。"金"长期埋在泥土中不会腐朽，千锤百炼不会损耗减轻，任人打造成各种形状也不会改变本性。在五行学说里，"金"代表西方，生于土，所以"金"字的下半部分就像两块金属埋在泥土中，上半部分则是今天的"今"字，表示读音。

"金"字从金属的通称演变为特指黄金。先秦法家著作《韩非子》中写道："荆南之地，丽水之中生金，人多窃采金。"意思是说，楚国南部的丽水盛产沙金，有很多人在那里偷偷地淘沙采金。

从特指黄金引申指货币、钱财，比如"现金""资金""拾金不昧"。而用作货币单位的时候，"金"在不同历史时期的含义是不一样的。比如在先秦时期，通常以二十两铜为一金；在汉代，以一斤铜为一金；在宋朝，一金指的是一枚铜钱；到了明清时期，则以一两黄金或白银为一金。

金石、金文的"金"，特指钟鼎。鸣金收兵的"金"，指古代军队中的一种打击乐器。金口玉言的"金"，比喻贵重、尊贵。固若金汤的"金"，比喻牢固、坚固。"金兔"指月亮。金风玉露的"金"，则是秋天的意思。

唐代诗人张谓《题长安壁主人》写道："世人结交须黄金，黄金不多交不深。纵令然诺暂相许，终是悠悠行路心。"势利者认钱不认人，以金钱的多少来衡量人与人之间交情的深浅，诗人对这种现象提出了尖锐的批评。

事实上，金钱并不是万能的，世界上有比金钱更为宝贵的东西。唐代诗人杜秋娘《金缕衣》写道："劝君莫惜金缕衣，劝君惜取少年时。有花堪折直须折，莫待无花空折枝。"元代诗人元好问《无题》诗写道："七十鸳鸯五十弦，酒熏花柳动春烟。人间只道黄金贵，不问天公买少年。"清代诗人屈复《偶然作》写道："百金买骏马，千金买美人。万金买高爵，何处买青春？"这三首诗都生动形象地说明了青春是无价的。

时间对于每个人来说都是非常宝贵的财富。光阴似箭，日月如梭，时间一旦被浪费了，花再多的金钱也没有办法买回来。

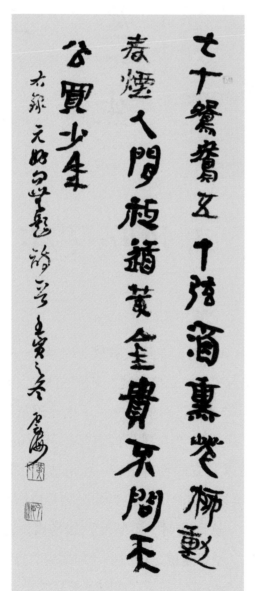

七十鸳鸯五十弦，酒熏花柳动春烟。
人间只道黄金贵，不问天公买少年。
（元·元好问诗，黄云海书）

甲骨文　　　　金文

战国文字　　　　篆文

康熙字典体　　　隶书

楷书

野火烧不尽，春风吹又生

唐代诗人白居易《赋得古原草送别》诗云："离离原上草，一岁一枯荣。野火烧不尽，春风吹又生。远芳侵古道，晴翠接荒城。又送王孙去，萋萋满别情。"

传说白居易 16 岁的时候，带着自己写的诗文，千里迢迢从江南到都城长安，拜见当时的大名人顾况。顾况看了白居易的名字，开玩笑说："长安米贵，居大不易。"意思是说，都城长安的物价很贵，生活成本很高，想在这里站稳脚跟定居下来，不是一件容易的事情。不过当顾况翻开白居易的诗文，读到"野火烧不尽，春风吹又生"这两句时，不禁对白居易肃然起敬，连声赞叹说："有才如此，居易何难！"意思是说，白居易才华横溢，富有才干，要在都城长安生活下去易如反掌。这个故事，记录在南宋尤衮写的《全唐诗话》里。

白居易的这首诗，前半部分描写的是草原上茂盛的野草顽强生长的景象，后半部分则表达了送别朋友时的依依不舍之情。特别是"野火烧不尽，春风吹又生"，既歌颂了野草顽强的生命力，又蕴含着人应当像野草一样百折不挠、生生不息的深刻哲理。这两句诗由此成为千百年来人们口口相传的名句。

本文讲解的字，是《千字文》中的"生"字。生，shēng。

甲骨文的"生"字，属于象形字，底下一横，表示大地，上边像是一棵小草。东汉文字学家许慎在《说文解字》中指出："生，进也。象草木生出土上。""生"的本义指草木滋长，比如"杂草丛生""蓬生麻中"。

从草木滋长引申指人或动物的出生，比如"胎生""生辰""生儿育女""与生俱来"等。

从人或动物的出生引申指产出、出现、引发，比如"触景生情""妙趣横生""急中生智"；又比如先秦史书《左传》中的"纵敌患生，违天不祥"，意思是说，纵容敌人会产生祸害，违背天道会导致不吉祥的后果。

西汉著名政论家、文学家贾谊在《论积贮疏》中写道："生之有时，而用之亡度，则物力必屈。"文中的"生"字，指生产。这句话的意思是说，生产财富是需要时间的，如果挥霍无度，不知道节制，人力和物力就会全部被消耗掉。

栩栩如生的"生"，指活着；民不聊生的"生"，指生活；素昧平生的"生"，指一辈子；生猛海鲜的"生"，指新鲜的；人生地不熟的"生"，指不熟悉；生搬硬套的"生"，指生硬、勉强。此外，读书人、有学问的人或者从事某种职业的人，也称为"生"，比如"书生""儒生""医生"等。这些都是"生"字的引申义。

据说"诗仙"李白小时候曾经做过一个梦，梦见他平常用的那支毛笔的笔头上，开出了鲜艳的花朵。等他长大以后，果然才高八斗，文采飞扬，名震天下。这个故事记录在五代时期著名文学家王仁裕写的《开元天宝遗事》里。成语"妙笔生花"就是从这里来的，比喻写作能力大有长进，或者形容文章写得非常出色。

想要增长学问，提高写作水平，需要付出长期的艰辛的努力，并不是像李白的故事那样，只要晚上做了一个好梦，梦想就能轻松实现的。

甲骨文　　金文

战国文字　　篆文

康熙字典体　　隶书

楷书　　简体

"丽风"并不美丽

有一个谜语，谜面是："眉毛和眼睛，下边有只鹿。问鹿美不美？说了声漂亮！（打一字）"谜底是美丽的"丽"字。这个谜语，是根据"丽"字的繁体字形来编写的。繁体的"麗"字，上边是美丽的"丽"字，像眉毛和眼睛，下边是梅花鹿的"鹿"字。

本文讲解的字，是《千字文》中的"丽"字。丽，lì。

甲骨文的"丽"字属于象形字，像是一只鹿的头上长着一对漂亮的鹿角。不过也有学者认为，"丽"字最初的写法，像是两只鹿并排而行的样子。"丽"的本义指两只鹿结伴而行。

东汉文字学家许慎在《说文解字》中指出："麗，旅行也。鹿之性，见食急，则必旅行。从鹿，丽声。"这是按照篆文"丽"字的结构来解释的。这时候的"丽"字，已经演变成了形声字。"鹿"是义符，表示这个字和梅花鹿、白唇鹿等鹿科动物有关；"丽"是声符，表示读音。《说文解字》这段话的意思是说，"丽"字指结伴而行，鹿这种动物的特点是，看见有吃的东西，很快就会结伴而行。

东汉著名文学家张衡在《西京赋》中写道："若其五县游丽辩论之士，街谈巷议，弹射臧否，剖析毫厘，擘肌分理。"文中的"游丽辩论之士"，就是结伴而行，到处去跟别人辩论和探讨问题的书生。

"丽"字从结伴而行引申指成双的、成对的。南朝文学理论家刘勰在《文心雕龙》中写道："丽句与深采并流，偶意共逸韵俱发。"这里的"丽句"，指的是对偶的句子。在文章中运用对偶的修辞手法，可以达到文采飞扬、富有韵味的效果。随着语言文字的演变，后来人们在表达成双、成对这个意思的时候，给"丽"字添加了单人旁（亻）。比如"伉俪"，意思就是夫妻。需要注意的是，"伉俪"是对别人夫妻的尊称，如果是称呼自己和爱人，则需要用"夫妇"这个词，以表示谦虚。

"丽"字从两只鹿并排而行又引申指美好、漂亮、华丽、华美。在现代汉语中，这是"丽"字最为常见的含义。比如南朝诗人谢朓的诗句："江南佳丽地，金陵帝王州。"唐代诗人杜甫的诗句："三月三日天气新，长安水边多丽人。"唐代诗人白居易的诗句："天生丽质难自弃，一朝选在君王侧。"这些诗句中的"丽"字，都是美好、漂亮的意思。富丽堂皇的"丽"，则是指华美。

先秦经典《周易》中写道："日月丽乎天，百谷草木丽乎土。"这里的"丽"字，意思是附着。日月附着于天空，百谷和草木附着于土地，这是自然界的中正之道。

此外，"丽"字还是一个多音多义字，当它念"lí"时，通常用于专有名词。比如"丽水"，指浙江南部的丽水地区。这和《千字文》中"金生丽水"的"丽水"，是两个不同的地方。又比如"高丽"，是古代朝鲜的一个王朝。东汉哲学家王充在《论衡》中写道："涉患丽祸，不在触岁犯月。"这里的"丽"，则是"罹"字的通假字，意思是碰到、遭遇。

风和日丽是非常美好的天气，不过"丽风"就不是那么美丽了。西汉哲学经典《淮南子》说"西北曰丽风"，"丽风"就是西北风，是凛冽锋利的寒风。在这里，美丽的"丽"和严厉的"厉"通假，指严酷、冷酷。

风和日丽，天气晴好；丽风呼呼，寒冷刺骨。把这两个词放在一起比较，就不会混淆词义了。

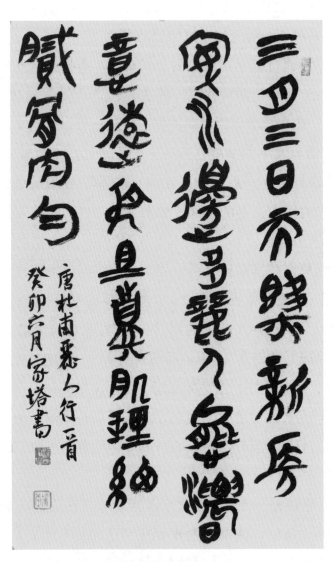

三月三日天气新，长安水边多丽人。
态浓意远淑且真，肌理细腻骨肉匀。
（唐·杜甫诗，梁家塔书）

甲骨文　　　　金文

战国文字　　　篆文

康熙字典体　　隶书

水

楷书

臣门如市，臣心如水

在先秦史书《尚书》中有这样一句话："人，无于水监，当于民监。"所谓"监"，就是镜子。这句话的意思是说，治理政务的人不要把水当作镜子，而要把民众当作镜子。国家治理得好不好，社会管理得好不好，民众就像镜子一样，看得清清楚楚，所以，他们是最有发言权的。

《尚书》的这个观点，是我国传统文化中"民本思想"的源头之一。先秦儒家著作《荀子》中写道："君者，舟也；庶人者，水也。水则载舟，水则覆舟。"唐朝著名的政治家魏征，在和唐太宗李世民讨论如何治理国家的时候，也曾经引用古人的话说道："君，舟也；人，水也。水能载舟，亦能覆舟。"国家的治理者，就像一条船，而民众，则像是江河里的水。船可以在水面上平稳地行驶，但也很可能被水掀翻、吞没。"水能载舟，亦能覆舟"告诉我们，人民的力量是非常强大的，只有人民，才是历史的创造者。国家治理者要以人民为中心，体察民情，尊重民意，顺应民心。

本文讲解的字，是《千字文》中的"水"字。水，shuǐ。

甲骨文的"水"字属于象形字，像河流的样子，中间弯弯曲曲一笔，代表干流；干流两边的水点，代表支流。东汉文字学家许慎在《说文解字》中指出，"水"的字形像是"众水并流"。"水"的本义指河流。东汉辞书《释名》写道："天下大水四，谓之四渎，河、江、淮、济是也。"这里的"大水"，就是大的河流。黄河、长江、淮河、济水是我国古代四条最大的河流，合起来称为"四渎"。

"水"字从河流引申指江、河、湖、海，比如"万水千山""跋山涉水""三面环水""水陆两栖"等。从江河湖海又引申指"水"这种物质。比如唐代诗人李白的诗句："桃花潭水深千尺，不及汪伦送我情。"唐代诗人杜牧的诗句："天阶夜色凉如水，卧看牵牛织女星。"唐代诗人白居易的诗句："日出江花红胜火，春来江水绿如蓝。"北宋文学家苏轼的诗句："竹外桃花三两枝，春江水暖鸭先知。"

前文《为什么"洪"就是大呢》《洪钅吕大吕，大扣大鸣》在谈论"洪"字和"吕"字的时候，曾经讲过大禹治水的故事。"大禹治水"的"水"，特指洪水、水灾。西汉历史学家司马迁在《史记》中写道："宋水，鲁使臧文仲往吊水。"这句话的意思是说，在春秋时期，宋国发生了水灾，鲁国派遣朝廷官员臧文仲前往宋国慰问遭受洪水灾害的民众。文中的"吊"字，指慰问。

由于水是液体，所以某些像液体一样的东西也称为"水"，比如"汗水""泪水""油水""酒水""墨水""药水"等。

当"水"字用作形容词的时候，意思是淡薄、不专一、假的，比如"水酒""水性杨花""水货"。此外，"水"字还可以用作动词，意思是游泳。比如先秦儒家著作《荀子》当中的句子："假舟楫者，非能水也，而绝江河。"意思是说，那些不会游泳的人，坐在船上，也能够横渡大江大河。

西汉时期，汉哀帝刘欣受小人挑拨离间，责怪大臣郑崇："君门如市人，何以欲禁切主上？"意思是，在你家进进出出的人，像赶集的人一样多，你们是不是在密谋造反？郑崇回答道："臣门如市，臣心如水，愿得考覆。"意思是，我家门口虽然像集市一样热闹，但是我的内心却像清水一样纯洁，绝对不会图谋不轨，请皇上调查核实。这个故事记录在西汉史书《汉书》里。后来，人们就用成语"臣门如市"形容权贵之家来往的宾客很多，用成语"臣心如水"比喻为官清廉。

在臣门如市的环境中，能够保持定力、坚守原则做到臣心如水的人，是非常了不起的。

甲骨文   金文

战国文字   篆文

康熙字典体   隶书

楷书

贫贱忧戚，玉汝于成

    在古典小说《红楼梦》里，主人公贾宝玉的脖子上挂着一块漂亮的玉石，名字叫作"通灵宝玉"。通灵宝玉的大小和麻雀蛋差不多，"灿若明霞，莹润如酥"，还有五彩花纹缠护。

    传说远古时代，女娲炼石补天，最后剩下一块石头，便丢弃在大荒山青梗峰下。有一天，一个癞头和尚路过山脚，看见这块石头，于是施展法术，把石头变成了一块鲜明莹洁、扇坠大小的美玉。贾宝玉出生的时候，嘴巴里含着的正是这块玉石。在小说中，主人公贾宝玉实际上是通灵宝玉的化身或者说幻相，贾宝玉的命运和这块玉石的命运是合而为一、休戚与共的，因此《红楼梦》又被称为《石头记》。

本文讲解的字，是《千字文》中的"玉"字。玉，yù 。

甲骨文的"玉"字属于象形字，像是一根绳子串着三块玉石的样子。在篆文中，由于"玉"字的字形和"王"字相似，因此人们又在右下方加上一点，把"玉"字和"王"字区别开来。"玉"的本义指玉石，就是一种细密、温润而有光泽的美好的石头。我国先秦诗歌总集《诗经》中的"他山之石，可以攻玉"里的"玉"，就是玉石。诗句的意思是说，其他山上的石头，可以当作磨石来磨玉，以此类推，外来的人才也可以为我所用，外来的经验也值得我们学习借鉴。

"玉"字从玉石引申指佩玉、玉制品。东汉文字学家许慎在《说文解字》中指出："玉，石之美。有五德：润泽以温，仁之方也；鰓理自外，可以知中，义之方也；其声舒扬，専以远闻，智之方也；不桡而折，勇之方也；锐廉而不忮，絜之方也。"这段话的意思是说，玉石是美好的石头，象征着仁爱、道义、智慧、勇敢和廉洁五种品德。正因如此，古人把玉石、玉器和玉制品看得十分尊贵。儒家经典《礼记》写道："君子无故，玉不去身。"佩玉是有德之人的象征。古人佩戴玉器，既是装饰，也是警醒，时刻提醒自己注意言行举止，不要做出违背伦理道德的事情。

皇帝用的桌子叫作"玉几"，坐的龙椅叫作"玉座"，用的印鉴叫作"玉玺"；皇家的族谱称为"玉牒"，皇宫的台阶称为"玉阶"，皇帝说过的话称为"金口玉言"，皇族的子孙称为"金枝玉叶"，等等。由此可见，玉在古人心目中的地位是多么的崇高。

在古典诗词中，"玉"字常常被用来比喻像玉一样色泽晶莹的事物。比如唐代诗人李咸用"崆峒山北面，早想玉成丘"中的"玉"，指的是雪；北宋诗人曾巩"井辘声急推寒玉，笼烛光繁秉绛纱"中的"玉"，指的是水；北宋诗人黄庭坚"万里青天，姮娥何处，驾此一轮玉"中的"玉"，指的是月亮；北宋末南宋初诗人陈与义"剩倾老子尊中玉，折尽繁枝不要春"中的"玉"，指的是美酒；金代诗人王庭筠"青峭江边玉数峰，烟梳雨沐谁为容"中的"玉"，指的是山石；明代诗人王洪"谷口森森玉万竿，凤毛摇动不胜寒"中的"玉"，指的是竹子；明代无名氏"万玉枝头绽，芳姿雪衬妍"中的"玉"，指的是梅花；等等。

"玉"字用作形容词的时候，意思是精美的、珍贵的，比如"锦衣玉食""玉液琼浆"；或者指晶莹的、洁白的、美丽的，比如"亭亭玉立""玉骨冰肌"。此外，"玉"字也常常用作敬辞，用来尊称对方的身体或者言行，比如"玉体""玉音""玉面""玉照"等。

北宋思想家张载写过一篇著名的铭文《西铭》，其中有一句话："贫贱忧戚，庸玉汝于成也。"文中的"玉"字作动词用，意思是磨炼、培养。有句古话说得好："玉不琢，不成器。"艰难困苦的环境，可以磨炼意志、涵养精神，激发成就一番事业的雄心和斗志。

甲骨文	金文
战国文字	篆文
康熙字典体	隶书
楷书	

上厕所为什么叫"出恭"

在古典小说《西游记》第二十九回中，沙僧和猪八戒为了搭救宝象国公主，大战波月洞黄袍怪。三个人纠缠在一起打斗了一番之后，猪八戒体力渐渐不支，想临阵逃跑，于是对沙僧说："沙僧，你且上前来与他斗着，让老猪出恭来。"说完，猪八戒就一溜烟躲进草堆里睡大觉去了。

猪八戒所说的"出恭"，意思是上厕所。这个词的来历，和古代的科举考试有关。为了防止考生擅自离开座位寻机作弊，从元代开始，科举考场规定，考生中途出去上厕所的，必须请假。请假条就是一块写着"出恭入敬"四个字的牌子。考生上厕所要带着这块牌子，上完厕所之后，再把牌子交回来。

所谓"出恭入敬"，意思就是"出入恭敬"。因为考场是一个严肃的地方，考生必须遵守纪律，不得高声喧哗，以免干扰别人考试。后来，人们就把上厕所称为"出恭"，把大便称为"出大恭"，把小便称为"出小恭"，把放屁称为"出虚恭"，而用来装尿液、粪便的马桶则称为"恭桶"。

本文讲解的字，是《千字文》中的"出"字。出，chū。

甲骨文的"出"字，属于会意字，像是一只脚从洞口或者门口走出去的样子。"出"的本义指出去，就是从里面到外面。比如我国先秦诗歌总集《诗经》中的诗句："出其东门，有女如云。"东晋文学家陶渊明《归去来兮辞》中的诗句："云无心以出岫，鸟倦飞而知还。"南宋诗人叶绍翁《游园不值》中的诗句："春色满园关不住，一枝红杏出墙来。"这些诗句中的"出"字，都是出去的意思。

甲骨文"出"字的字形，也可以理解为脚来到某个地方，因此"出"字又有来到某处的含义，比如"出席""出庭""出场"等。

唐代诗人杜牧的《阿房宫赋》中写道："六王毕，四海一。蜀山兀，阿房出。覆压三百余里，隔离天日。"这里的"出"字，指出现、显露。又比如北宋文学家苏轼《后赤壁赋》中的句子："山高月小，水落石出。"汉乐府《陌上桑》中的诗句："日出东南隅，照我秦氏楼。"

前文《"致仕"意思是退休》在谈论"致"字的时候曾经说过，"致仕"这个词指的是辞去官职，退休回家。那么出来做官怎么称呼呢？古人用"出仕"这个词来表示担任官职，为朝廷效力。成语"出处去就"中的"出处"，意思就是出来做官和隐居不仕，"出"和"处"在这里是一对反义词。

在我国古代封建社会，有"七出"的说法。这里的"出"指离婚，把妻子赶出家门。所谓"七出"，就是驱赶、抛弃妻子的七种理由。这实际上是封建社会为了维护丈夫的权威地位而给男人找的七种借口，是强加在妇女头上的"不平等条约"，需要批判地去看待。

此外，"出谋划策"的"出"，指拿出；"出言有章"的"出"，指发出；"出口恶气"的"出"，指发泄；"出类拔萃"的"出"，指超出；"推陈出新"的"出"，指产生、发生；"入不敷出"的"出"，指支付、支出；"视为己出"的"出"，指生育、降生；等等。这些都是"出"字的引申义。

一段独立的剧目或者节目，也可用"出"作为量词，比如"一出戏""两出戏"等。这是从繁体的"齣"字简化而来的。繁体的"齣"字由牙齿的"齿"字和句子的"句"字组成。"齿"表示说唱，说唱过程中的一段句子，就称为"齣"。

人生就像一出戏，你自己既是导演又是演员，只有努力拼搏，才会好戏连连，精彩不断。

山高月小，水落石出。（刘家忠书）

金 文　　　　战国文字

篆 文　　　　康熙字典体

隶 书　　　　楷 书

扫码听音频

去留肝胆两**昆**仑

晚清时期维新志士谭嗣同《狱中题壁》诗云："望门投止思张俭，忍死须臾待杜根。我自横刀向天笑，去留肝胆两昆仑。"

1894 年爆发的中日甲午战争，以清政府战败、被迫签订丧权辱国的《马关条约》而告终。为了挽救腐朽没落的国运，光绪皇帝决心起用以康有为、梁启超等人为代表的维新派人士，励精图治，变法自强，但却遭到了以慈禧太后为首的守旧派势力的顽固阻挠。

1898 年 9 月 21 日，慈禧太后等人发动戊戌政变，囚禁了光绪皇帝，并下令拘捕主张变法的维新派人士。清朝持续了一百多天的新政由此宣告失败，史称"百日维新"。康有为、梁启超逃亡国外。谭嗣同、康广仁、林旭、杨深秀、杨锐、刘光第六名维新志士则惨遭杀害，史称"戊戌六君子"。

谭嗣同的《狱中题壁》，就是他被捕后写在监狱墙上的。这首诗的开头两句，引用了东汉末年两位仁人志士张俭和杜根的典故。张俭因为得罪权贵，被迫逃亡，逃亡途中有很多热心人为他提供住宿，所以说"望门投止思张俭"；杜根同样是因为得罪权贵，被判处装进袋子里活活摔死，由于行刑的人敬佩杜根的品格，没有用力摔，杜根得以假死逃生，所以说"忍死须臾待杜根"。谭嗣同借用这两个人的典故来表明自己的心愿，就是希望康有为、梁启超等战友在逃亡的路上能够像张俭、杜根一样，得到好心人的保护和帮助。

"我自横刀向天笑，去留肝胆两昆仑"这两句的意思则是说，如果维新变法需要有人流血牺牲，才能唤醒民众，那么首先就从牺牲我开始吧；只要战友们平安脱险，保存实力，将来仍然可以东山再起，继续为没有完成的事业奋斗。在谭嗣同看来，无论是战友们的"去"，还是我的"留"，都像高耸云天、巍峨雄壮的昆仑山一样，浩气长存，光照日月。"我自横刀向天笑，去留肝胆两昆仑"这两句诗，淋漓尽致地表现了谭嗣同视死如归的英雄气概，以及对未来满怀憧憬的乐观精神。

本文讲解的字，是《千字文》中的"昆"字。昆，kūn。

东汉文字学家许慎在《说文解字》中指出："昆，同也。从日，从比。"篆文的"昆"字属于会意字，由"日"字和"比"字组成，意思是太阳是天下的人们所共同享有的。"昆"的本义指同、共同。比如"噍噍昆鸣"，就是鸟儿一起鸣叫的意思。

也有学者认为，"昆"字由"日"字和"比"字组成，"日"字像是一张床，"比"字像是两个人，"昆"字的意思是两兄弟一起在床上睡觉。由此，"昆"字又被用来指称兄长，比如"昆仲""昆季""昆弟""昆友""昆玉"等，都是兄弟的意思。我国先秦诗歌总集《诗经》中写道："终远兄弟，谓他人昆。谓他人昆，亦莫我闻。"意思是说，由于兄弟骨肉分离，只能把别人当作哥哥，但即使是喊别人"哥哥"，人家也没有听见，好像耳朵聋了一样。

"昆"字从兄长引申指子孙后代。比如南宋诗人楼钥的诗句："清忠与公恕，余庆启昆仍。"这里的"昆仍"，指的就是子孙后代。从子孙后代又引申指众多。比如《汉书》中的句子："君道得，则草木昆虫咸得其所。"这里的"昆虫"，指种类众多的虫子。古人相信"天人感应"的学说，认为皇帝贵为"天子"，如果他的言行是符合道义的，那么草木和昆虫也必然会按照自然界的规律，各得其所地生长、存活下去。反之，如果自然界出现了反常的现象，皇帝则需要反省自己是否犯了什么过错，以便及时改正错误，避免遭到上天的责罚。

我自横刀向天笑，去留肝胆两昆仑。

（清·谭嗣同诗，梁家塔书）

金文　篆文

康熙字典体　隶书

楷书　简体

丘墓蔽山冈，万代同一时

"武松在路上行了几日，来到阳谷县地面。此去离县治还远。当日晌午时分，走得肚中饥渴，望见前面有一个酒店，挑着一面招旗在门前，上头写着五个字道：'三碗不过冈。'

"武松入到里面坐下，把哨棒倚了，叫道：'主人家，快把酒来吃。'只见店主人把三只碗、一双箸、一碟热菜，放在武松面前，满满筛一碗酒来。武松拿起碗一饮而尽，叫道：'这酒好生有气力！主人家，有饱肚的，买些吃酒。'酒家道：'只有熟牛肉。'武松道：'好的，切二三斤来吃酒。'

"店家去里面切出二斤熟牛肉，做一大盘子，将来放在武松面前，随即再筛一碗酒。武松吃了道：'好酒！'又筛下一碗。

"恰好吃了三碗酒，再也不来筛。武松敲着桌子叫道：'主人家，怎的不来筛酒？'酒家道：'客官要肉便添来。'武松道：'我也要酒，也再切些肉来。'酒家道：'肉便切来添与客官吃，酒却不添了。'武松道：'却又作怪！'便问主人家道：'你如何不肯卖酒与我吃？'酒家道：'客官，你须见我门前招旗上面明明写道：三碗不过冈。'

"武松道：'怎地唤作三碗不过冈？'酒家道：'俺家的酒虽是村酒，却比老酒的滋味；但凡客人来我店中，吃了三碗的，便醉了，过不得前面的山冈去，因此唤作三碗不过冈。若是过往客人到此，只吃三碗，更不再问。'"

上文引自《水浒传》第二十三回《横海郡柴进留宾　景阳冈武松打虎》。在小说中，武松不听酒家"三碗不过冈"的劝告，一连喝了十五大碗酒，然后凭着酒气，硬闯景阳冈，由此引出了"景阳冈打虎"这段脍炙人口的英雄故事。

本文讲解的字，是《千字文》中的"冈"字。冈，gāng。

东汉文字学家许慎在《说文解字》中指出："冈，山骨也。从山，网声。"篆文的"冈"字，属于会意兼形声字，由"山"字和"网"字组成。"山"是义符，表示山峰的脊梁；"网"是声符，表示读音，同时还表示山峰有脊梁，就像一张网有一根用来收网的拉绳一样。现在的"冈"字，是从繁体的"岡"字简化而来的。

"冈"的本义指山梁、山脊。比如我国先秦诗歌总集《诗经》中的句子："陟彼高冈，我马玄黄。"意思是说，我登上了高高的山梁，我的马却由于疲惫而生病了，原本黑色的马毛变成了枯黄色。

"冈"字从山梁、山脊引申指山坡、斜坡。比如西晋著名文学家左思《招隐》中的句子："白云停阴冈，丹葩曜阳林。"前文《阳春有脚，温暖人间》在讲解"阳"字的时候已经说过，山的南面称为"阳"，山的北面称为"阴"。《招隐》这两句诗的意思是说，山坡的北面白云飘飘，南面的树林里盛开着鲜艳的红花。也有学者认为，诗中的"白云"指白雪，可供参考。

"冈"字从山坡、斜坡引申，泛指小山、山岭。比如三国时期魏国诗人阮籍《咏怀》中的句子："丘墓蔽山冈，万代同一时。"山岭上密密麻麻地布满了坟墓，不管是哪个年代的人，最终面临的都将是同样的归宿，不过是在一块小小的地方安息而已。无论尊卑、贵贱、贫富，时间对于每个人来说都是公平的。人生在世，不妨活得豁达洒脱一些，没有必要一天到晚算计着怎样去争名夺利，自寻烦恼。

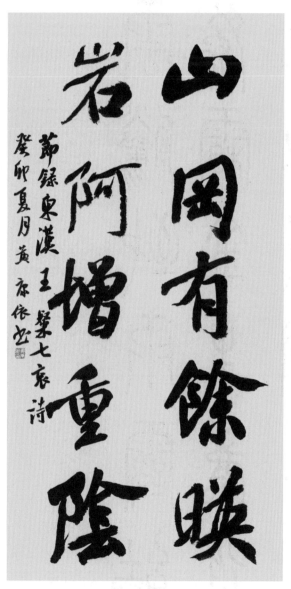

山冈有余映，岩阿增重阴。

（东汉·王粲诗，黄康依书）

从"天时"到"地利"

——《千字文》第三节概述

云腾致雨，露结为霜。
金生丽水，玉出昆冈。
（梁书惠，12岁书）

前文对《千字文》第三节的"云腾致雨，露结为霜。金生丽水，玉出昆冈"这16个字进行了单个字的讲解，本文串讲这一节的内容。

"云腾致雨"说的是降水的形成。地面的水汽上升到空中变成云朵，云朵中的水汽遇到冷空气凝结成水滴，当水滴的重量大到不能再悬浮在空中的时候，就会降落下来，形成雨水。先秦经典《周易》中写道："云行雨施，天下平也。"在风调雨顺的年份，农作物收成好，人人都能吃饱饭，社会就会安定和谐。

"露结为霜"说的是冰晶的形成。深秋时节，随着气温下降，地面的水汽会在靠近地面的物体上凝结成露珠。当气温继续下降到冰点以下，液体的露珠变成固体的白色冰晶，就形成了霜。我国先秦诗歌总集《诗经》中写道："蒹葭苍苍，白露为霜。"说的正是"露结为霜"的情形。

"云腾致雨，露结为霜"，科学地解释了雨水和霜形成的原因，这是古代思想观念上一个了不起的进步。古代先民对大自然的认识，经历了从恐惧、迷信到趋于科学的过程。点点滴滴的进步，都凝聚着先民们的心血和智慧，值得我们致以崇高的敬意。

我们看《楚辞·远游》中的句子："风伯为余先驱兮，氛埃辟而清凉。""左雨师使径侍兮，右雷公以为卫。"北宋文学家苏轼的诗句："常山山神信英烈，捣驾雷公诃电母。"还有西汉哲学经典《淮南子》中的句子："百虫蛰伏，静居闭户，青女乃出，以降霜雪。"这些作品提到的风伯、雨师、雷公、电母和青女，都是远古传说中的天神，掌握着刮风、下雨、打雷、闪电、飞霜降雪的权力。

在远古时代，人们相信，大自然具有深不可测的神秘力量，人类的命运掌控在天神手中，人类无法自己主宰未来。经过长期的社会生产和实践之后，人们才开始慢慢地意识到，大自然原来也是有规律可循的。只要正确地认识和遵循自然界的客观规律，人与自然就可以和谐共生，人类就能够自己掌握自己的命运，而不是消极地听天由命，任凭所谓的天神摆布。

"金生丽水"是说丽水这个地方盛产黄金。丽水指今云南省境内的丽江，是金沙江的一段。前文《万金买高爵，何处买青春》在讲解"金"字的时候，提到过先秦法家著作《韩非子》中的记载："荆南之地，丽水之中生金，人多窃采金。"金沙江在宋代以前叫作"丽水"或者"丽江"，由于沿江一带盛产沙金，经常有很多人在那里淘金，因此改名为"金沙江"。

"玉出昆冈"是说昆冈这个地方盛产玉石。先秦史书《尚书》中写道："火炎昆冈，玉石俱焚。"这里的"昆冈"，就是昆仑山。昆仑山在我国境内跨越新疆、西藏、青海和四川四个省区，巍峨雄伟，高耸云天，自古就以盛产玉石而闻名。古代地理著作《山海经》说昆仑山"万物尽有"，是神话传说中王母娘娘和瑶池仙境所在的地方。

泱泱华夏，地大物博，物华天宝。《千字文》从"天地玄黄，宇宙洪荒"到"云腾致雨，露结为霜"这一段，说的是"天时"。紧接着，作者笔锋一转，用"金生丽水，玉出昆冈"作为起句，讲述我国物产的丰富，也就是"地利"，可以说是气势恢宏，不同凡响。字里行间，洋溢着作者深深的自豪感。

云气上升遇到冷空气形成了雨，夜里气温下降，露珠凝成了霜。丽江水里出产黄金，昆仑山上出产玉石。这就是"云腾致雨，露结为霜。金生丽水，玉出昆冈"所讲的内容。

金 文　　战国文字

篆 文　　康熙字典体

隶 书　　楷 书

简 体

十年磨一剑

在现代文学家鲁迅先生的历史小说集《故事新编》里，有一篇小说《铸剑》，取材于我国古代神话传说干将、镆铘的故事。干将是春秋时期楚国著名的铁匠，他打造的宝剑锋利无比，所向披靡。有一次，干将奉命为楚国国王铸剑，用了三年时间才完成。国王很生气，就下令把干将杀死了。

干将去见国王之前曾告诉妻子镆铘说："我这次出门，可能回不来了。宝剑一共有两把，一把雄剑，一把雌剑。我把雌剑献给大王，如果我回不来了，就让儿子用雄剑为我报仇吧！"镆铘等儿子赤鼻长大后，把干将的遭遇告诉了他。于是赤鼻找出雄剑，要为父亲报仇。

楚国国王听到了这个消息，下令搜捕赤鼻。赤鼻逃到树林里，遇见了一位侠客。侠客对赤鼻说："你把你的人头和宝剑交给我，我来替你报仇。"赤鼻二话不说就自杀了。

侠客提着赤鼻的人头和宝剑去见国王，要求国王用一口大锅烧水来煮赤鼻的人头。人头在锅里煮了三天三夜都不烂，国王很好奇，于是走过来想看个明白。这时侠客手起剑落，把国王的人头砍到了锅里。接着，侠客也自杀了。他的人头，也掉进了锅里。

由于赤鼻、国王和侠客三个人的人头都在锅里煮烂了，分不清谁是谁，大臣们只好把他们安葬在一起，取名叫"三王冢"，意思是三个国王的坟墓。

在鲁迅先生的小说《铸剑》中，干将、镆铘的儿子赤鼻又叫"眉间尺"，意思是他的两道眉毛隔得很远，中间的距离有一尺那么宽。眉间尺的故事充满了大胆奇特的想象，蕴含着反抗压迫、行侠仗义、杀身成仁、信守诺言的精神内涵，是我国传统复仇故事的源头之一。20世纪20年代，中国内忧外患，社会动荡不安，鲁迅先生借用眉间尺的故事来激励人民斗志，振奋民族精神，可谓用心良苦。

在古代，干将、镆铘常常被用来指称锋利的宝剑，这也是从赤鼻的故事而来的。

本文讲解的字，是《千字文》中的"剑"字。剑，jiàn。

金文的"剑"字属于形声字，左边是义符"金"字，表示这个字和金属有关；右边是声符"佥"字，表示读音。在篆文中，声符"佥"字改到了左边，右边是刀刃的"刃"字，表示含义。东汉文字学家许慎在《说文解字》中指出："剑，人所带兵也。从刃，佥声。"后来经过简化，"刃"字又改成了立刀旁（刂）。

"剑"的本义指"剑"这种短柄的兵器，两面有刃，中间有脊，配有剑鞘，便于随身佩带。我们看唐代画家吴道子画的《孔子行教像》，孔子的腰间就有一把剑。为什么要佩剑呢？首先这是贵族身份的象征，同时也和儒家的教育思想有关。在儒家看来，纯粹的武夫容易变成暴徒，而纯粹的文人又过于柔弱，"心计"太多，缺乏阳刚之气，因此，最理想的就是文武兼备、刚柔相济的人才，光明磊落，仁民爱物，讲道义、负责任、有担当。孔子佩剑的画像，形象地反映了儒家培养文武全才的育人理念。

南宋诗人陆游的《醉歌》写道："学剑四十年，虏血未染锷。"诗中的"剑"指剑术。此外，在古汉语中，"剑"字还可以用作动词，表示用剑刺杀或者挟在腋下等意思。比如"手剑贼酋"，意思是用剑刺杀了贼人的头目；"乳者剑汝而立于旁"，意思是在你小的时候，奶妈把你挟在胳肢窝下，在一边站着。

唐代诗人贾岛的《剑客》写道："十年磨一剑，霜刃未曾试。今日把示君，谁有不平事？"这是一首通过描写铸剑来表达自己的胸怀与抱负的佳作。人生于世，要树立远大的理想，还要有"十年磨一剑"的韧劲与恒心，只有这样，才有可能达到心中的目标，实现自己的人生价值。

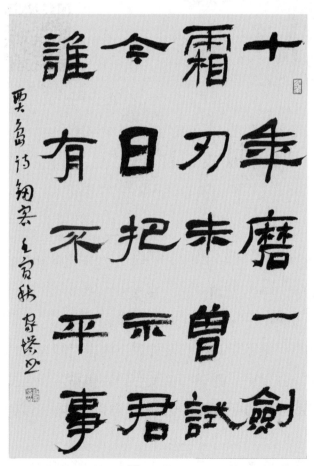

十年磨一剑，霜刃未曾试。今日把示君，谁有不平事？
（唐·贾岛诗，梁家塔书）

战国文字	篆 文
号	號
康熙字典体	隶 书
號	号
楷 书	简 体

扫码听音频

不懂名号闹笑话

　　古人不仅有姓和名，还有字和号。"姓"表示家族血缘的关系，"名"用来区分自己和别人，"字"是对"名"的美化和敬称，"号"通常是自我赞美或者标榜的称呼。此外，还有别人起的雅号、绰号等。

　　"名"和"字"一般由父母、长辈来取，两者之间含义相通。比如南宋抗金名将岳飞，名"飞"，字"鹏举"，"飞"和"鹏举"在含义上是关联的，寓意像大鹏一样展翅高飞，奋发有为。所谓"名以正体，字以表德"，说的就是这个意思。

　　古人同辈之间相互称呼，或者晚辈称呼长辈，一般以"字"相称，表示礼让和尊敬。如果指名道姓、直呼其名，那是很没有礼貌的行为。至于

"号"，因为是自己所取或者别人赠送的，是一种非常个性化的称呼，所以比较自由，没有什么拘束。

有"诗圣"之称的唐代诗人杜甫，字子美，自号"少陵野老"。"甫"是古代男子的美称，所以字"子美"；少陵是杜甫曾经居住过的地方，因此他自称是来自少陵的村野老人。当我们说"杜子美""杜少陵"时，指的都是杜甫。如果不明白这一点，就会闹笑话。

明代文学家冯梦龙写的《古今谭概》这本书里，有这样一个故事，说的是南宋乾道年间，有两个书生到天竺旅游，一边喝酒，一边讨论杜甫诗句的精妙之处。其中有一个书生非常激动，说着说着，突然大喊了一声："杜少陵可杀！"这时刚好隔壁有人听见了，感觉事情很严重，于是急忙跑到街上到处嚷嚷："不好啦不好啦，有两个书生要杀人啦！"街上的人赶紧拦住他问道："这两个书生要杀谁？"这个人气喘吁吁地回答说："他们要杀的人名字叫作杜少陵，可是我不认识！"大家听他这么一说，这才松了一口气，原来这个人不知道杜少陵是杜甫的名号，因此闹了笑话，虚惊一场。

本文讲解的字，是《千字文》中的"号"字。号，hào。

"号"字是一个多音多义字，它的另一个读音念"háo"。这是"号"字最初的读音。

篆文的"号"字属于会意字，有两种写法。一种写法是"口"字底下加一个"丂"字，表示拖长声音大喊大叫。东汉文字学家许慎在《说文解字》中指出："号，痛声也。从口，在丂上。""号"的本义指号啕痛哭的声音。另一种写法是"号"字加"虎"字。《说文解字》指出："號，呼也，从号，从虎。"清代语言学家段玉裁在《说文解字》的注解中写道："呼号声高，故从号；虎哮声厉，故从虎。""號"的本义指高声呼叫。

在古汉语中，繁体的"號"字是常用字，简体的"号"字反而逐渐废止不用了。直到汉字简化的时候，"号"字才又恢复使用。

"号"字从大声痛哭、高声呼叫引申指动物长鸣、风声巨大等。比如唐代诗人杜甫的诗句："八月秋高风怒号，卷我屋上三重茅。"清代诗人吕潜的诗句："月冷空王阁，风号故相坟。"

从高声呼叫又引申指号召、命令、宣称、扬言、称呼、名号等，念"hào"。

需要注意的是，在古汉语中，"号"字还有一个特殊的含义，就是把人斩首示众。比如《新唐书》中的句子："斩议者一人号于众。"意思是把一个有不同意见的人砍了脑袋来示众。

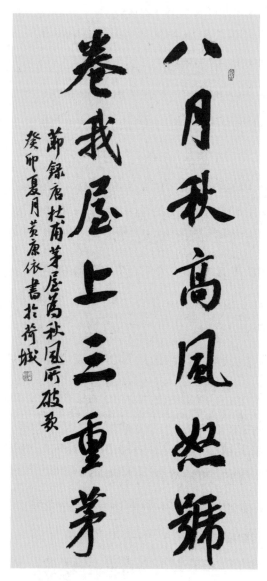

八月秋高风怒号，卷我屋上三重茅。

（唐·杜甫诗，黄康依书）

金 文　　　　　战国文字

篆 文　　　　　康熙字典体

隶 书　　　　　楷 书

"巨擘"本义是大拇指

　　在清代诗人赵翼写的《大石佛歌》中，有这样一句诗："巨无霸头大枕鼓。"这里的"巨无霸"，意思是庞然大物，在这首诗中，用来形容石佛体形庞大。

　　"巨无霸"的典故，出自《汉书·王莽传》。《王莽传》记载，王莽篡夺西汉政权建立新朝之后，和周边少数民族政权的关系非常紧张。有一天，夙夜郡太守韩博向王莽报告，说他家里来了一位奇人，愿意率领军队帮助王莽抗击匈奴。这位奇人的名字叫作"巨毋霸"，身高一丈，腰粗十围，一驾马车装不下，三匹马也拉不动，睡觉的时候用一面大鼓当枕头，吃饭拿的则是一双铁筷子。王莽听了很高兴，赏赐了一个姓给巨毋霸，叫作"巨母氏"。

　　在《后汉书》中，也有关于"巨无霸"的记载。书中是这么写的："时有长人巨无霸，长一丈，大十围，以为垒尉；又驱诸猛兽虎豹犀象之属，以助威武。"由此可见，巨无霸不仅是个巨人，还有指挥豺狼虎豹、犀牛大象的本领，的确是一位奇人。

不过，即便有巨无霸帮忙，王莽建立的新朝还是很快就土崩瓦解了，成为历史上有名的短命王朝之一。

本文讲解的字，是《千字文》中的"巨"字。巨，jù。

金文的"巨"字属于会意字，像是一个人手拿一把工字形的方尺进行丈量。后来经过文字的演变，"巨"字只保留了手拿工字方尺的形状，右边表示"人"的义符消失了。

东汉文字学家许慎在《说文解字》中指出："巨，规巨也。从工，象手持之。""巨"的本义指木工用的方尺，是一种用来画直角和方形的工具。表示这个意思的"巨"字，后来在左边加上了"矢"字旁，变成了今天规矩的"矩"字。古代字书《玉篇》写道："矩，圆曰规，方曰矩。"用来画圆形的工具叫作"规"，用来画方形的工具叫作"矩"。

也有学者认为，金文的"巨"字像是一个人手拿木棒在用力地打地基。用来夯实地基的木棒比较粗，需要很大的力气才能高高举起，由此，"巨"字引申指大。比如"巨子"，指大师；"巨室"，指大的房子，比喻豪门贵族；"巨笔"，指大笔，比喻鸿篇巨制；"巨猾"，指大恶人；"巨壑"，指大海、大山沟；"巨万"，则是用来形容数目很大。

在古汉语中，表示"大"这个意思的时候，也常常在"巨"字的左边加上金字旁，变成繁体字"鉅"。"鉅"的本义指钢铁，和简体字"巨"通用时，表示数量、体积或者程度很大。

"巨"字从大又引申指最、极、高耸、超过等。比如"巨肩"，意思是高耸的肩膀。又比如三国时期魏国诗人曹植《辩道论》中的句子："言不尽于此，颇难悉载，故粗举其巨怪者。"这里的"巨怪者"，意思是最奇怪、极奇怪的事情。

在古汉语中，"巨"字还经常和距离的"距"字、拒绝的"拒"字以及讵料的"讵"字通用，需要注意辨别理解。

儒家经典《孟子》中写道："于齐国之士，吾必以仲子为巨擘焉。"意思是说，在齐国的士子里边，我绝对认为陈仲子是一位了不起的人。文中的"巨擘"，本义指大拇指。值得竖起大拇指夸奖的，一定是卓尔不群、不同凡响的人，因此，"巨擘"这个词就被人们用来比喻杰出的人物，或者是泛指各行各业中表现突出的人。

明代《警世贤文》中写道："宝剑锋从磨砺出，梅花香自苦寒来。"要想成为一代巨擘，必须付出常人难以想象的心血和汗水，以坚韧不拔的意志，去成就孜孜以求的梦想。

篆文　康熙字典体

隶书　楷书

简体

宫阙万间都做了土

唐代诗人王勃的《送杜少府之任蜀州》诗云："城阙辅三秦，风烟望五津。与君离别意，同是宦游人。海内存知己，天涯若比邻。无为在歧路，儿女共沾巾。"

"少府"是当时的一种官职，"蜀州"则是四川的一个地方。担任少府之职的姓杜的朋友要去蜀州上任了，王勃特地为他送行，便以"送杜少府之任蜀州"为题。

王勃与杨炯、卢照邻、骆宾王并称"初唐四杰"。王勃写的这首五言律诗，改变了大多数送别诗伤感悲哀的情调，充满了豪迈的气概。"海内存知己，天涯若比邻"更是千古传诵的名句。清代才女陈婉俊在评论这首诗时说道："赠别不作悲酸语，魄力自异。"清代学者王尧衡则说这首诗"气格浑成，不以景物取妍，具初唐之风骨"。这些评价是十分中肯的。

"城阙辅三秦"的"城阙"，指的是城楼，在诗中用来代称唐朝的首都长安，也就是今陕西省的省会西安市。

本文讲解的字，是《千字文》中的"阙"字。阙，què。

篆文的"阙"字属于形声字，由"门"字和"欮"字组成。东汉文字学家许慎在《说文解字》中指出："阙，门观也。从门，欮声。""门"字是义符，表示这个字和门或者建筑有关；"欮"字是声符，表示读音。"阙"的本义指古代宫门外左右两边用于登高远望的楼台。比如古诗《青青陵上柏》中的句子："两宫遥相望，双阙百余尺。"因此也有学者认为，"阙"字的声符"欮"字除了表示读音，还有屏住呼吸的含义，意思是说，城上的楼台高高耸立，路过的人不禁屏住气息来仰视。

"阙"字从城楼引申指宫殿，也就是帝王居住的地方。南宋抗金名将岳飞的《满江红》写道："待从头、收拾旧山河，朝天阙。""朝天阙"就是到宫殿里去拜见皇帝。

在古代，神庙和坟墓前边用石头雕刻而成的柱子，也称为"阙"。比如李白《忆秦娥》中的句子："音尘绝，西风残照，汉家陵阙。"

《旧唐书·朱敬则传》写道："三代旌表，门标六阙，州党美之。"这里的"阙"，则是官方用来表彰仕宦之家而修造的一种标志性的建筑物。

"阙"还是古代宝剑的名称。比如先秦儒家著作《荀子》在提到"太公之阙"时，就称它为"古之良剑也"。

宫阙总是左右各一、两两相对的，中间有一条通道相连，看起来像是一个缺口，由此"阙"字又有空缺、缺口的意思。不过表示这个含义时它读作"quē"，而不是"què"。先秦道家著作《列子》写道："物有不足，故昔者女娲氏炼五色石以补其阙，断鳌之足以立四极。"这里的"阙"，意思就是天空的缺口。从空缺、缺口又引申指缺乏、稀少、残缺、不完善、缺席等。

此外，当"阙"读作"jué"时，和采掘的"掘"字通用，意思是挖掘。比如先秦史书《左传》中的句子："若阙地及泉，隧而相见，其谁曰不然？"

而"阙功甚伟"的"阙",则和指示代词"厥"通用,意思是其。比如"弃阙先神而不祀",意思是废弃了他们原来祭祀星辰山川之神的仪式。

元文宗天历二年(1329年),关中大旱,张养浩奉命前往陕西赈灾。途中,他写了一组以"怀古"为主题的作品,其中一篇是《中吕·山坡羊·潼关怀古》:"峰峦如聚,波涛如怒。山河表里潼关路。望西都,意踌躇。伤心秦汉经行处,宫阙万间都做了土。兴,百姓苦;亡,百姓苦!"作者从"宫阙万间都做了土",联想到历代王朝的盛衰兴亡和百姓疾苦,抒发了忧国忧民、悲天悯人的强烈情感。这篇作品,由此成为元曲中脍炙人口的精品力作,名垂青史,百世流芳。

珠
战国文字

珠
篆文

珠
康熙字典体

珠
隶书

珠
楷书

扫码听音频

为民谋利，合浦**珠**还

在先秦法家著作《韩非子》里，有这样一个故事，说的是春秋战国时期，楚国有一个人到郑国去卖珍珠，他首先选取高档的木材制作了一个匣子，接着用香料把匣子熏了两遍，再点缀上各种华丽的装饰品，然后才把珍珠装进匣子里拿去卖。结果有一个郑国人买下了这个匣子，却把匣子里边装着的珍珠退回给楚国人。

《韩非子》对这个故事是这样评论的："此可谓善卖椟矣，未可谓善鬻珠也。"意思是说，这个楚国人擅长卖木匣子，而不擅长卖珍珠。生活中有的人喜欢夸夸其谈，绞尽脑汁把话说得很漂亮，反而忽略了自己真正想要表达的意图和希望达到的目的，这就叫"以辞害意""以文害用"，就像卖珍珠的楚国人一样，珍珠没卖成，装珍珠的匣子反倒卖了出去。

后来，人们又把郑国人买下匣子、退还珍珠的行为概括为成语"买椟还珠"，比喻没有眼光，取舍不当。

本文讲解的字，是《千字文》中的"珠"字。珠，zhū。

篆文的"珠"字属于形声字，由义符"玉"字和声符"朱"字组成。东汉文字学家许慎在《说文解字》中指出："珠，蚌之阴精。从玉，朱声。""珠"的本义指蚌体内所生的珍珠。比如东汉著名文学家蔡邕《青衣赋》中的句子："金生砂砾，珠出蚌泥。"

"珠"字从珍珠引申指玉制的珠子，或者像珍珠一样的宝石。明代学者张自烈在《正字通》中写道："历山楚水多白珠；蜀郡平泽出青珠，左思云'青珠黄环'；西国琅轩碧珠；皆宝石名之以珠者也。"文中的白珠、青珠、碧珠等，都是像珍珠一样的玉石和宝石。

由此引申，像珠子一样的东西也称为"珠"，比如"露珠""眼珠""泪珠""汗珠""滚珠""算盘珠"等。

玉珠、珍珠以及像珍珠一样的宝石，都是贵重物品，"珠"字因此又被用来比喻美好的事物或者文辞。比如西晋文学家傅玄在《短歌行》中写道："昔君视我，如掌中珠。何意一朝，弃我沟渠。"成语"掌上明珠"就是从这里来的，比喻珍贵，后来特指受父母疼爱的子女。又比如，树木的美称叫"珠树"，樱桃的美称叫"珠樱"，露珠的美称叫"珠露"，泉水的美称叫"珠泉"，雨水的美称叫"珠雨"，马车的美称叫"珠车"；英俊的男子称为"珠玉"，美貌的女子称为"珠妍"，华丽的楼阁称为"珠阁"，精美的馆舍称为"珠馆"，美妙的谈吐称为"珠谈"，美好的诗文称为"珠玑"，名言佳作称为"珠唾"；"珠圆玉润"指文辞圆熟流畅，"珠璧交辉"指美好的事物交相辉映，"珠联璧合"则指人才或者美好的事物聚集在一起；等等。

据《后汉书·孟尝传》记载，东汉时期合浦郡盛产珍珠，不产稻谷，当地百姓依靠采集珍珠与相邻的交趾郡交换粮食以维持生计。贪官污吏们为了从中牟取暴利，压迫百姓违背自然规律，无限制地大肆采集珍珠，导致珠蚌大部分迁徙到交趾境内的海域，合浦百姓无珠可采，民不聊生。孟尝担任合浦太守后，雷厉风行，整顿吏治，激浊扬清，不到一年时间，那些迁徙出去的珠蚌又回来了，合浦的采珠业恢复了往日的繁华，百姓得以安居乐业。这就是历史上有名的"珠还合浦"的故事。

珠还合浦的故事告诫我们：与民争利，必定贻害无穷；为民谋利，方能善始善终。

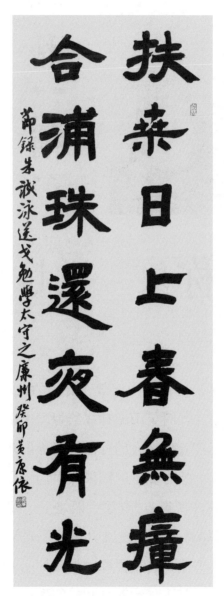

扶桑日上春无瘴，合浦珠还夜有光。
（明·朱诚泳诗，黄康依书）

甲骨文　　金文

战国文字　　篆文

康熙字典体　　隶书

楷书　　简体

从"曹冲称象"说起

西晋史学家陈寿的《三国志》中记载，曹操的儿子曹冲在五六岁的时候，就已经像大人一样聪明了。当时吴国的孙权给魏国送来一头大象，曹操想知道这头大象的重量，可是又没有那么大的秤能直接称出来，于是他让大臣们想办法，怎样才能够知道这头大象有多重。结果大臣们绞尽脑汁想了半天，也找不出什么好办法来。这时曹冲说道："置象大船之上，而刻其水痕所至，称物以载之，则校可知矣。"意思就是，将大象引到一条大船上面，在船身上刻下水痕的记号，然后把大象赶下船，再用秤称物品放到船上，当物品把船压到之前刻下的水痕记号时，物品的总重量，就是大象的重量。

曹冲称象采用的是"等量替换"的办法，也就是用零散的、可以拆开来称的物品，代替整头的、无法拆分的大象。在浮力原理还没有被当时的人们所了解的情况下，这的确是一个奇思妙想，充分体现了曹冲的聪明才智。

本文讲解的字，是《千字文》中的"称"字。称，chēng。

甲骨文的"称"字属于会意字，像是一只手提着一条鱼在掂估重量。东汉文字学家许慎在《说文解字》中指出："称，铨也。从禾，爯声。"这是篆文的"称"字的写法，由"禾"字和"爯"字组成，属于会意兼形声字，"禾"是义符，表示用秤来称粮食；"爯"是声符，表示读音，同时兼表意。"称"的本义指衡量轻重。

西汉哲学经典《淮南子》中写道："称薪而爨，数米而炊，可以治小，而未可以治大也。"意思是说，把柴火称过重量，把米粒数过数量，才去生火煮饭，这种斤斤计较的人只能做小事，成不了大事。

"称"字从衡量轻重引申指抽象的衡量、揣度。先秦法家著作《韩非子》写道："明主者，推功而爵录，称能而官事。"意思就是，贤明的君主按照功劳授予爵位和俸禄，根据能力来安排官职、任以政事。

称东西的时候，要说出物品的重量，因此"称"字又引申指述说、叫作、称号、名称、称道等和说话有关的含义，比如"连声称好""称兄道弟""人称'及时雨'宋江""天下俱称其美"等。

北宋著名政治家、思想家、文学家王安石在《悼四明杜醇》中写道："杜生四五十，孝友称乡里。"这里的"称"是著称、闻名的意思。《后汉书》中的句子"大人少有英称"，这里的"称"指的则是名声、声誉，意思是说阁下在少年时代就享有美好的声誉。

"称"字是一个多音多义字。当它读作"chèng"时，和名词的"秤"通用，指测定物体重量的器具。而当它读作"chèn"的时候，通常指相当、符合、适合，比如"称手""称心""称身""称旨""称合""称任""称位""称时"等。

南宋诗人刘克庄的《魏志》诗云："称帝称王非一个，国家不可便无孤。此言只是瞒孀幼，岂有英雄也恁愚。"这首诗是针对曹操而写的。曹操曾经说过："设使国家无有孤，不知当几人称帝，几人称王。"很显然，曹操是以拯救苍生的"救世主"自居的，他觉得如果没有他，天下就会大乱。但是在刘克庄看来，曹操实在是把自己看得太重了，哄哄寡妇和小孩子还行，却骗不了明白人，因此说"此言只是瞒孀幼，岂有英雄也恁愚"。

甲骨文　　　　　金文

战国文字　　　　篆文

康熙字典体　　　隶书

楷书

"衣锦夜行"与"志在四方"

　　我们在看《水浒传》的时候，会发现一个有趣的现象，就是里面有许多故事是在夜晚发生的，比如林冲雪夜上梁山、李逵元夜闹东京、宋江夜看小鳌山、张顺夜闹金沙渡、燕青月夜遇道君、史大郎夜走华阴县、武行者夜走蜈蚣岭、霹雳火夜走瓦砾场、郓城县月夜走刘唐、宋公明夜打曾头市等。小说家把故事安排在夜晚发生，既是推进情节的需要，又增强了故事的神秘感和紧张感，扣人心弦，引人入胜。

　　本文讲解的字，是《千字文》中的"夜"字。夜，yè。

　　甲骨文的"夜"字属于形声字，由"夕"字和"亦"字组成，"夕"是义符，表示这个字和晚上有关；"亦"是声符，表示读音。东汉文字学家许慎在

《说文解字》中指出："夜，舍也。天下休舍也。从夕，亦省声。"这里的"舍"，是休息的意思。"夜"的本义指夜晚，就是从天黑到天亮人们普遍休息的这一段时间，比如"午夜""夜幕""昼夜不停""夜以继日"等。

我们在读古诗词的时候，常常会遇到风雨之夜、对床共语的情景描写。比如唐代诗人韦应物的"宁知风雪夜，复对此床眠"，唐代诗人白居易的"能来同宿否，听雨对床眠"，北宋文学家苏轼的"中和堂后石楠树，与君对床听夜雨"，北宋诗人张元干的"万里江山知何处？回首对床夜语"，等等。在这些诗词当中，风雨之夜两人对床共语，是一种特定的情景，具有特定的含义。成语"对床夜雨"或者"夜雨对床"就是从这里来的，形容亲友或者兄弟久别重逢、倾心交谈的愉快场面。

"夜"字从夜晚引申指黄昏。我国先秦诗歌总集《诗经》写道："厌浥行露，岂不夙夜，谓行多露。"在这里，"夙"指天快亮的早晨，"夜"指天快黑的黄昏。诗句的意思是说，道路上的露水湿漉漉的，难道我不想趁早离去吗？只不过是担心露水太浓、难以行路而已。又比如董说在《西游补》第四回中写道："行者怏怏自退，看看日色早已夜了，便道此时将暗，也寻不见师父，不如把几面镜子细看一回。"文中的"日色早已夜了"，意思是天色早就过了黄昏。

"夜"字从黄昏又引申指昏暗。东汉思想家王符在《潜夫论》中写道："是故索物于夜室者，莫良于火；索道于当世者，莫良于典。"意思是说，要想在昏暗的房子里寻找东西，最好是把火点亮；要想在当世寻找人间正道，最好是多读代代相传的经典。

西汉历史学家司马迁在《史记》中写道，西楚霸王项羽攻陷秦朝的都城咸阳之后，有人劝他留下来。可是项羽思乡心切，急着赶回江苏老家。他对劝他的人说道："富贵不归故乡，如衣锦夜行，谁知之者！"意思是，我如今发达了，出人头地了，如果不回到家乡去，那就好比在黑灯瞎火的晚上穿着漂亮的衣服走路，有谁会知道啊！和项羽一起逐鹿中原的刘邦在路过家乡沛县时，曾经唱过一首《大风歌》："大风起兮云飞扬，威加海内兮归故乡，安得猛士兮守四方！"在这首歌里，刘邦同样表达了荣归故里的心情，但是除此之外，他还有"安得猛士兮守四方"的忧虑，表明他志在天下，而不仅仅是显赫一方。这就是刘邦和项羽的区别，也是他能够最终一统天下的原因之一。

大风起兮云飞扬，威加海内兮归故乡，安得猛士兮守四方！（西汉·刘邦诗，晏明书）

甲骨文　　　　　金文

战国文字　　　　篆文

康熙字典体　　　隶书

楷书

"借光"的来历

　　西汉时期，有一个名叫匡衡的人小时候家里很穷，买不起蜡烛，可是他又非常喜欢读书，不想白白浪费晚上的时间，怎么办呢？匡衡的办法是在自家的墙壁上凿开一条缝隙，让邻居家的烛光穿过缝隙照进来，这样，他就可以借着烛光在晚上看书了。匡衡由于勤奋好学，最终成了大学问家。这个故事记录在《西京杂记》这本书上，成语"凿壁偷光"就是从这里来的，用来形容勤学苦读的情形。

　　本文讲解的字，是《千字文》中的"光"字。光，guāng。

　　甲骨文的"光"字属于会意字，像是一个跪坐着的人，头顶上有一把大火在熊熊燃烧。东汉文字学家许慎在《说文解字》中指出："光，明也。从火在人上，光明意也。""光"的本义指光明、明亮。《汉书·晁错传》写道："日月光，风雨时，膏露降，五谷孰。"春秋时期楚国诗人屈原在《涉江》中写道："登昆仑兮食玉英，与天地兮同寿，与日月兮齐光。"这里的"光"，都是光明、明亮的意思。

"光"字从光明、明亮引申指人的肉眼可以感知的光线。比如唐代诗人李白的诗句："床前明月光，疑是地上霜。"清代诗人查慎行的诗句："月黑见渔灯，孤光一点萤。"

《三字经》写道："三才者，天地人。三光者，日月星。"这里的"光"，特指日月星辰等天体。西汉哲学经典《淮南子》写道："若上乱三光之明，下失万民之心，虽微汤、武，孰弗能夺也！"意思是说，昏庸无能、不得民心的君主，即使没有商汤、周武王这样的人起来闹革命，也会有别的人站出来反抗他。所谓"得民心者得天下"，丧失了民意，也就等于丧失了合法性。

俗话说："一寸光阴一寸金，寸金难买寸光阴。"这里的"光"，是时光的意思。唐代诗人刘禹锡的《望洞庭》写道："湖光秋月两相和，潭面无风镜未磨。"这里的"光"，指的则是景色、景物。又比如北宋文学家苏轼的诗句："水光潋滟晴方好，山色空蒙雨亦奇。"南宋理学家朱熹的诗句："胜日寻芳泗水滨，无边光景一时新。"南宋诗人杨万里的诗句："毕竟西湖六月中，风光不与四时同。"

光彩的"光"，指风采。荣光的"光"，指荣耀。沾光的"光"，指好处。光洁的"光"，指光滑。光头的"光"，指裸露。精光的"光"，指空、完、净尽。这些都是"光"字的引申义。

此外，"光"还可以用作敬辞，表示恭敬，比如"光临"；也可以用作副词，表示限定范围，比如"光说不做"等。

史学名著《战国策》中有一个故事：从前在一条大江的边上，住着不少人家。每天晚上，这些人家的姑娘们都凑在一起点蜡烛做针线活儿。其中有一位姑娘家境贫寒，买不起蜡烛，也在一起做针线活儿。时间长了，别的姑娘都嫌弃她，想要把她赶走。于是这位贫穷的姑娘说道："我虽然买不起蜡烛，可是我每天晚上比谁都来得早，把屋子打扫干净，把坐席铺设整齐，让大家一来马上就能做女红，没有功劳也有苦劳。你们的蜡烛反正都是要点的，借给我一点光亮，又有什么损失呢？"姑娘们觉得她说的话有道理，就把她留了下来，再也没有赶她走的意思了。现在人们常用的"借光"这个词，就是从这个故事中来的，意思是请求别人帮助，或者蒙受别人关照。

人生于世，应当有感恩之心。向别人"借光"，获得帮助，要心怀感激，知恩图报。

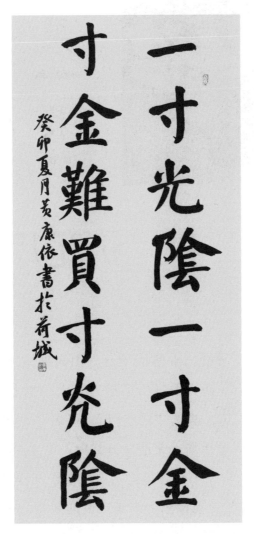

一寸光阴一寸金，寸金难买寸光阴。

（黄康依书）

甲骨文　　　金文

战国文字　　　篆文

康熙字典体　　　隶书

楷书

"投水果"和"扔瓦片"

　　古典小说《西游记》第二十四回《万寿山大仙留故友　五庄观行者窃人参》写道，唐僧师徒前往西天取经，路过万寿山。山上有一座道观，名叫五庄观。观里长着一棵宝树，叫作"草还丹"，又名"人参果"。据说这棵人参果树是"混沌初分、鸿蒙始判、天地未开之际"长成的"灵根"，"三千年一开花，三千年一结果，再三千年才得熟"，总共要一万年时间才可以把果子摘下来吃。人参果的模样长得就像出生未满三天的婴儿，有胳膊有腿，有鼻子有眼睛。有缘人闻一闻人参果，可以活三百六十岁；吃一个人参果，则可以活四万七千年。

　　五庄观的主人镇元大仙是唐僧的老朋友。唐僧路过万寿山的时候，镇元大仙刚好要到天上去听元始天尊讲课，于是事先安排了明月和清风这两个仙童留下来迎接唐僧，并且吩咐要用人参果款待。唐僧看见人参果长得像婴儿，不忍心吃。明月和清风就把人参果吃了。这件事情被猪八戒知道后，极力怂恿孙悟空去偷人参果。由此引发了唐僧师徒和五庄观之间一连串的矛盾冲突。

猪八戒得到孙悟空偷回来的人参果后，一口就吞进了肚子里，没有尝出什么味道。歇后语"猪八戒吃人参果——全不知滋味"，就是从这个故事而来的。

本文讲解的字，是《千字文》中的"果"字。果，guǒ。

甲骨文的"果"字属于象形字，像一棵树结着果实的样子。东汉文字学家许慎在《说文解字》中指出："果，木实也。从木，象果形在木之上。""果"的本义指树木结的果实，后来泛指所有植物结的果实。比如唐代诗人王维的诗句："雨中山果落，灯下草虫鸣。"北宋诗人汪洙的诗句："庭下陈瓜果，云端闻彩车。"

北宋著名政治家、思想家、文学家王安石在《徐熙花》中写道："锦囊深贮几春风，借问此木何时果。"这里的"果"字作动词用，意思是树木结果。

从树木结果引申指事情的结局、结果，和表示起因的"因"相对，比如"果报""善果""修成正果""前因后果""自食其果"等。

东晋文学家陶渊明的《桃花源记》写道："南阳刘子骥，高尚士也。闻之，欣然规往。未果，寻病终。后遂无问津者。"文中的"果"指实现，"未果"的意思就是没有实现。

果子成熟的时候，是长得非常饱满的，因此"果"字又有饱足、充实的含义。比如古文中常见的句子"腹果甚"，意思就是肚子已经很饱了。成语"食不果腹"，则指吃不饱肚子，形容生活贫困。

树木结果是肉眼可见、不容怀疑的事实，"果"字由此又引申指坚决、毫不犹豫，比如"果敢""果断"等。

此外，"果"字还可以用作副词、连词，表示终于、果真、究竟、假设等含义。

据《晋书·潘岳传》记载："岳美姿仪，辞藻绝丽……少时常挟弹出洛阳道，妇人遇之者，皆连手萦绕，投之以果，遂满车而归。时张载甚丑，每行，小儿以瓦石掷之，委顿而反。"文中的"岳"指潘岳，字安仁，就是人们常说的潘安。潘安长得很英俊，又有才华，他年轻的时候带着弹弓驾车出去游玩，总是被妇女们团团围住，朝他的车上投水果，直到马车装不下、水果掉下来为止。而潘安的同龄人张载就没有那么好的运气了，由于长得丑，他出门总是被一群孩子追着砸石头、瓦片，只能非常沮丧地跑回家。"掷果盈车"的典故就是从潘安的故事来的，表示妇女对美男子的爱慕。

"投水果"和"扔瓦片"，反映了以貌取人的世俗心理。这当然是不可取的。因为仅看外表，很容易被表面现象迷惑，不利于客观、全面、准确地对一个人做出评价。比如在历史上，张载就比潘安有气节，人品也比潘安好，尽管他长得比潘安丑。

珍
篆文

珍
康熙字典体

珍
隶书

珍
楷书

扫码听音频

志士仁人，国之珍宝

　　唐代诗人杜甫在《丽人行》中写道："黄门飞鞚不动尘，御厨络绎送八珍。"诗句中的"八珍"，原来指的是古代制作食物的八种方法。这八种烹饪方法，分别是"淳熬""淳母""炮豚""炮牂""捣珍""渍""熬""肝膋"。比如"淳熬"的做法是在米饭上放一层熬熟了的肉酱，再浇上油。"肝膋"的做法则是在狗肝的表面涂上一层狗肠油，然后放到火上烧烤。

　　随着语言的演变，"八珍"被用来泛指各种各样珍贵的菜肴。"黄门飞鞚不动尘，御厨络绎送八珍"，意思是说，皇宫里飞驰而来的骏马不敢扬起地上的灰尘，络绎不绝地送来了皇帝的厨师们制作的琳琅满目的海味山珍。这两句诗，形象地描述了唐玄宗时期，皇亲国戚杨国忠兄妹权倾朝野、生活奢靡的场景，蕴含着诗人杜甫对唐玄宗统治后期朝廷腐败、朝政混乱的愤慨之情。

本文讲解的字，是《千字文》中的"珍"字。珍，zhēn。

篆文的"珍"字属于形声字，由"玉"字和"㐱"字组成。"玉"是义符，表示这个字和玉石有关；"㐱"是声符，表示读音。东汉文字学家许慎在《说文解字》中指出："珍，宝也。从玉，㐱声。""珍"的本义指玉石、珍珠等宝物，泛指贵重的物品。

"珍"字从宝物、贵重物品引申指珍贵的、稀有的、精美的。比如，"珍投"指贵重的赠品，"珍本"指稀有的书籍，"珍馐"指精美的食品，"珍禽"指珍奇的鸟类，"珍彦"指难得的人才，等等。

近代革命家秋瑾在《对酒》中写道："一腔热血勤珍重，洒去犹能化碧涛。""珍"字作动词用时，意思是重视、珍惜，比如"珍藏""珍视""珍爱"等。

先秦史书《左传》中记载着这样一个故事，说的是宋国有一个人得到了一块没有经过雕琢的玉石，于是把它献给当朝大臣子罕。子罕不肯接受，这个人说道："我请加工玉石的工匠看过了，觉得这是一件稀世珍宝，所以才敢拿来献给您。"子罕回答说："我以不贪为宝，尔以玉为宝。若以与我，皆丧宝也。不若人有其宝。"意思就是，你把玉石当作宝贝，我却把不贪图钱财当作宝贝，我们的志向不一样，还是各走各的路吧，不然你和我都会把自己的宝贝丢了。唐代诗人周昙写有一首诗："子怜温润欲归仁，吾贵坚廉是宝身。自有不贪身内宝，玉人徒献外来珍。"这首诗说的正是子罕拒绝收受玉石的故事。在子罕看来，玉石不过是身外之物，从政者应当为官清廉、两袖清风，这是比玉石更为珍贵的操守。

北宋历史学家司马光主持编写的《资治通鉴》记载，战国时期，齐国国君齐威王有一次和魏国国君魏惠王一起到野外打猎。中场休息的时候，魏惠王问齐威王："你们齐国有什么宝贝吗？"齐威王说："没有。"魏惠王听了，得意扬扬地炫耀说："寡人的国家虽然小，也还有十颗直径一寸的珍珠。这些珍珠光彩夺目，每一颗都可以照亮前后各十二辆马车。你们齐国这么大，哪能没有宝贝呢？"齐威王不紧不慢地回答说："我心中的宝贝跟您的宝贝不一样。我手下有很多忠于职责、办事得力、富有才干的大臣，他们的光芒可以照耀千里，又何止是照亮十二辆马车而已呢！"魏惠王听了齐威王的回答，很是惭愧，脸唰的一下就红了。

子罕把清廉的品质当作个人的珍宝，齐威王把仁人志士当作国家的珍宝，体现了一己之身和一国之君所能达到的高远境界，值得我们学习和思考。

退笔如山未足珍，读书万卷始通神。

（北宋·苏轼诗，黄康依书）

甲骨文　　金文

战国文字　　篆文

康熙字典体　　隶书

楷书

桃李不言，下自成蹊

魏晋时期有七位名士，经常聚在竹林中喝酒、唱歌，被人们称为"竹林七贤"。唐代诗人卢纶有诗写道："圆月出山头，七贤林下游。梢梢寒叶坠，滟滟月波流。"说的正是"竹林七贤"。

在"竹林七贤"之中，有一个叫王戎的人。据《晋书·王戎传》记载，王戎小时候很聪明，有一天他和一群小伙伴在路边玩耍，看见一棵李子树上结满了果实，大家都抢着去摘，只有王戎站着不动。有人很好奇，问王戎为什么不去摘李子。王戎回答说："这棵李树长在路边，还剩下那么多果实，说明那些李子一定是苦的，没有人愿意摘来吃。"等其他小伙伴摘下李子尝过之后，果然像王戎推断的那样，李子是苦的。

不过，王戎长大成人后，就没有那么聪明了。史书上说，王戎家里种的李子品质很好，由于害怕别人得到他家李树的种子，他在卖李子的时候，总是要事先在果核上钻一个孔。王戎因此成为历史上出了名的"小气鬼"。传统儿童启蒙读本《幼学琼林》就这样写道："王戎卖李钻核，不胜鄙吝。"所谓"鄙吝"，就是心胸狭窄、十分吝啬。

本文讲解的字，是《千字文》中的"李"字。李，lǐ。

甲骨文的"李"字属于形声字，由义符"木"字和声符"子"字组成。东汉文字学家许慎在《说文解字》中指出："李，果也。从木，子声。""李"的本义指李子树。

古乐府《鸡鸣》诗中写道："桃在露井上，李树在桃旁。虫来啮桃根，李树代桃僵。树木身相代，兄弟还相忘。"成语"李代桃僵"就是从这里来的，用桃树和李树的患难与共来比喻兄弟之间的同甘共苦，后来又转为比喻互相顶替或者代人受过。

三国时期魏国著名文学家曹植写有一首名叫《君子行》的诗，开头几句是这么说的："君子防未然，不处嫌疑间。瓜田不纳履，李下不正冠。"意思是，经过瓜田的时候，不要弯腰提鞋子，路过李树底下，也不要抬手整理帽子，以免被人怀疑偷瓜和偷摘李子。后来，人们就用成语"瓜田李下"来比喻容易引起嫌疑的地方。

"李"字从李树引申指李树结的果实。我国先秦诗歌总集《诗经》中写道："投我以桃，报之以李。"人家送给我桃子，我拿李子来回报，这就叫作"投桃报李"，比喻知恩图报，也比喻礼尚往来、相互赠答。

需要注意的是，在古汉语中，李树的"李"字和道理的"理"字常常通用，表示法官、规律或者惩治等意思。比如"皋陶为李"，意思是皋陶这个人担任法官的职务；"天地之李"，指天地运行的规律；"兵甲相李"，则是动用武力来惩治的意思。

我国古代有一句谚语"桃李不言，下自成蹊"，意思是说，桃树和李树虽然不会说话，但是由于它们开花结果，吸引人们前来赏花摘果，时间长了，自然就在树下走出一条小路来。那些善良真诚、正直坦荡的人，同样如此。他们不需要夸夸其谈、大吹大擂来自抬身价、哗众取宠，他们举手投足之间散发出来的人格魅力，表现出来的学识修养，就足以感动世人，赢得人们的尊重和景仰。

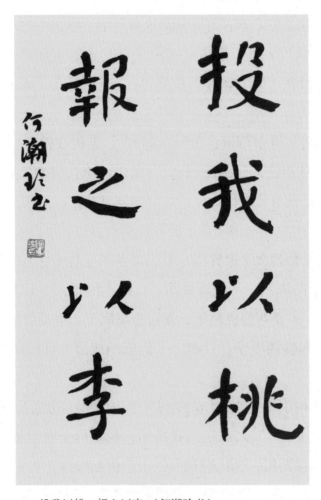

投我以桃，报之以李。（何潮玲书）

甲骨文　　　篆文

康熙字典体　　隶书

楷书

累累后堂柰，落尽风雨枝

明代学者杨起元《柰树》诗云："树下阴如屋，香枝匝地垂。吾侪携酒处，尔柰放花时。有实儿童摘，无材匠石知。成蹊若桃李，难以并幽姿。"

本文讲解的字，是《千字文》中的"柰"字。柰，nài。

甲骨文的"柰"字属于会意字。有学者认为，无奈的"奈"字和柰树的"柰"字，都是从"祡"字演变而来的。东汉文字学家许慎在《说文解字》中指出："祡，烧柴焚燎以祭天神。从示，此声。""此"字底下加"示"字，读作"chái"，意思是焚烧柴火来祭祀天神。柰树的"柰"字就是从"祡"字演变而来的，本义指烧柴祭天。

也有学者认为，"柰"字由"木"字和"示"字组成，"木"表示"柰"

是一种果树，"示"表示摆放祭品的供台，因此"柰"的本义指用来祭祀的柰果。

唐代文学家张鷟在《朝野佥载》中写道："唐贞观年中，顿丘县有一贤者，于黄河渚上拾菜，得一树栽子，大如指。持归莳之，三年，乃结子五颗。味状如柰，又似林檎。多汁，异常酸美。送县，县上州，以其味奇，乃进之。上赐绫一十匹。后树长成，渐至三百颗，每年进之，号曰'朱柰'，至今存。"

这段话的大概意思是说，唐太宗贞观年间，河南顿丘县有一个人在黄河边上捡到了一棵树围只有手指头大小的树苗，于是拿回家栽种。三年之后，这棵树上长出了五个果子。果子的味道像柰果一样鲜美，水分像林檎果一样饱满。这个种树的人经过层层进贡，最终得到了朝廷赏赐的十匹绸布。后来这棵树越长越大，结的果子越来越多，每年都向朝廷进贡，人们把它称为"朱柰"。

明代学者王象晋在《群芳谱》中写道："柰，一名频婆，与林檎一类而二种。江南虽有，西土最丰。树与叶皆似林檎，而实稍大，味酸，微带涩。可栽，可压。白者为素柰，赤者为丹柰，亦曰朱柰，青者为绿柰，皆夏熟。"

王象晋在书中提到的"频婆"，就是我们今天所说的"苹果"的古称。从《群芳谱》的这段记载中我们可以知道，柰果和林檎，都是苹果属的水果，只不过称呼不一样罢了。在古典诗词和文献中，"柰子""沙果""频婆""林檎""来禽""花红果""文林果""联珠果""五色来"等，指的都是同一类水果，也就是我国古代原产的苹果属水果。

唐代诗人王勃在《八仙径》中写道："柰园欣八正，松岩访九仙。"这里的"柰园"指佛寺。洛阳白马寺有柰树林，因此人们把佛寺称为"柰园"或者"柰苑"。

近代学者徐珂的《清稗类钞》中记载："茉莉为常绿灌木，其种来自波斯……佛书谓之鬘华，北土曰柰。"在这里，"柰"指茉莉和茉莉花。

"柰"字除了指柰果、柰树和茉莉，在古汉语中，"柰"常常与无奈的"奈"通用，意思是如何、怎样、怎么办。比如南宋诗人杨万里的诗句："不於两琖三杯里，柰此千愁百恼何。"

北宋诗人梅尧臣有诗《深夏忽见柰树上犹存一颗实》写道："累累后堂柰，落尽风雨枝。行乐偶散步，倚杖聊纵窥。林叶隐孤实，山鸟曾未知。物亦以晦存，悟兹身世为。"柰树上的果实，经过风吹雨打，鸟儿啄食，几乎荡然无存了，只有一个果子由于隐藏在树叶里边，没有被鸟儿发现，得以幸存下来。诗人由此联想到，在当时险恶的政治环境中，只有韬光养晦、深藏不露，才有可能脱离险境，保存性命。在十分平常的自然场景中，诗人通过寥寥数笔的描写，寄托了一种忧时伤世的强烈情感。

百姓不可一日有菜色

据北宋科学家沈括《梦溪笔谈》记载，北宋一位有名的大臣张咏在担任湖北崇阳县令的时候，有一天他看见一个农民到市场上买菜，就把这个农民叫过来教训道："城里人没有土地可以耕种，靠做别的事情来谋生，他们买菜是正常的。你一个村民，有田有地，为什么不自己种菜，反而浪费钱来买菜呢？"张咏说完，命令衙差把这个农民鞭打了一顿后才放他回家。别的村民听说这件事情之后，家家户户都开辟菜园种起了蔬菜。他们还把自家种的萝卜叫作"张知县菜"，以此来纪念张咏对他们的教诲。

在小农经济时代，农业自给自足，商品化的程度是非常低的。南宋诗人赵蕃的《鬻菜者》写道："早禾未熟晚尤迟，卖菜归来始得炊。谷者本从田户出，未滋反取市人嗤。"这首诗表明，在当时人们的观念中，农民的本分就是种稻谷、种粮食，如果种菜拿到市场上去卖，换了钱再买米，那就是不务正业，会被人取笑的。

当然，也有人并不在乎别人说三道四。南宋诗人舒岳祥在《十妇词》中写道："卖菜深村妇，休嗟所获微。芜菁胜乳滑，莱菔似羔肥。囊里腰钱去，街头买肉归。种蔬胜种稻，得米不忧饥。"这首诗的大概意思是说，深山老林里的村妇，种的芜菁和萝卜卖相非常好，销路也不错，换了钱就可以买米、买肉回家饱餐一顿了。在这个村妇看来，种菜要比种粮食赚钱。由此可见，尽管有着观念上的种种束缚，在宋代，商品经济的意识还是无可阻挡地悄然萌芽了。

本文讲解的字，是《千字文》中的"菜"字。菜，cài。

篆文的"菜"字，属于形声兼会意字，由草字头（艹）和采摘的"采"字组成。东汉文字学家许慎在《说文解字》中指出："菜，草之可食者也。从艸，采声。"草字头是义符，表示这个字和植物有关；"采"是声符，表示读音，同时也表示采摘食用的意思。"菜"的本义指蔬菜，比如"野菜""青菜""菜农""菜园"等。

"菜"字从蔬菜引申指各种烹调好的菜肴。比如清代小说家吴敬梓《儒林外史》中的句子："都是些燕窝、鸭子、鸡、鱼……那菜一碗一碗的捧上来。"这里的"菜"字，就包含了前面所说的燕窝、鸭子、鸡和鱼。

菜牛、菜马、菜鸽子的"菜"，指专供食用的意思。比如"菜牛"，就是专门饲养用来吃的牛，是和耕牛相对而言的。"菜马""菜鸽子"也是同样的道理。不过"菜鸟"却不是专门用来吃的鸟，而是指新手、生手。"菜"字在这里的意思，指差劲、不出色。

南宋理学家真德秀曾经说过这样的一句话："百姓不可一日有此色，士大夫不可一日不知此味。"这里的"色"，指菜色，就是因为饥饿而营养不良的脸色。针对这句话，和真德秀同时代的学者罗大经在《鹤林玉露》这本书里评论道："余谓百姓之有此色，正缘士大夫不知此味。若自一命以上至于公卿，皆是咬得菜根之人，则当必知其职分之所在矣，百姓何愁无饭吃。"这段话的大意是说，老百姓面黄肌瘦，满脸菜色，都是因为当官的不关心群众疾苦，天天大鱼大肉、花天酒地，不知道吃青菜的滋味。拿着朝廷俸禄的人，应当廉洁奉公、勤俭节约，要秉持"咬得菜根"的吃苦精神为百姓谋福利，只有这样，百姓才会过上好日子，脸上才不会露出菜色。真德秀和罗大经从"菜色"联想到国计民生、天下忧乐，既形象生动又鞭辟入里，发人深省。

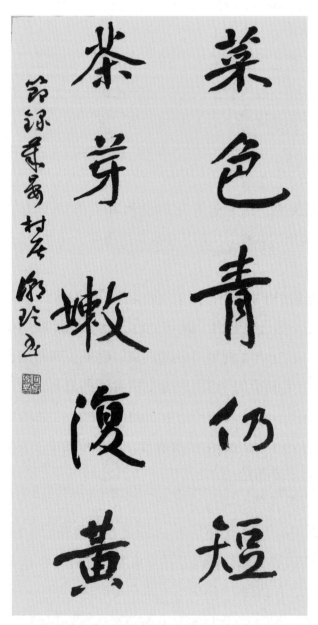

菜色青仍短，茶芽嫩复黄。（北宋·石介诗，何潮玲书）

甲骨文 　　　金文

战国文字 　　篆文

康熙字典体 　　隶书

楷书

一言为重百金轻

　　北宋著名政治家、思想家、文学家王安石的《商鞅》诗云："自古驱民在信诚，一言为重百金轻。今人未可非商鞅，商鞅能令政必行。"

　　商鞅是战国时期秦国的改革派人物，极力主张变法强国。为了使国民相信国家颁布的法令，商鞅在都城的南门立了一根大木头，声明谁能够把这根木头搬到北门，就可以拿到五十金的奖励。有一个人半信半疑，抱着试试看的心态把木头从南门搬到了北门，结果他真的得到了五十金。前文《洪钟大吕，大扣大鸣》在讲解"吕"字的时候说过，秦国的一金等于二十两黄铜，五十金就是一千两黄铜，这个奖励的力度还是很大的，政府的威信一下子就树立起来了。在历史上，这个故事被称为"徙木立信"。王安石的诗句"自古驱民在信

163

诚，一言为重百金轻"，说的正是这个故事。人无信不立，国家也是如此。政府的诚信比金子还要贵重，这是商鞅"徙木立信"留给后人的启示。

本文讲解的字，是《千字文》中的"重"字。重，zhòng。

甲骨文和金文的"重"字，属于会意兼形声字，由"人"字和"東"字组成。繁体字"東"像是一个两头用绳子扎紧、里面装满了东西的大布袋。人背着装满物品的袋子行走，表示沉重的意思。同时"東"字也是声符，表示读音。后来经过文字的演变，"人"字和"東"字重合，逐渐形成了今天的"重"字。

东汉文字学家许慎在《说文解字》中指出："重，厚也。从壬，東声。凡重之属皆从重。"这是对篆文"重"字的解释。"重"的本义指沉重、分量大，比如"举重若轻""恩重如山""千钧重负""言重九鼎"等。

西汉历史学家司马迁在写给朋友任安的书信《报任安书》中写道："人固有一死，或重于泰山，或轻于鸿毛，用之所趋异也。"人人都有生命终止的那一天，但由于每个人所追求的目标不一样，生命的价值和意义也不一样，因此也就有了"重于泰山"和"轻于鸿毛"的区别。

"重"字从沉重、分量大引申指重大、重要、重视、重量、重任、稳重、严重、威望高、权势大等。比如，"任重道远"的"重"指重大，"军事重镇"的"重"指重要，"尊师重道"的"重"指重视，"千钧之重"的"重"指重量，"忍辱负重"的"重"指重任，"老成持重"的"重"指稳重，"灾难深重"的"重"指严重，"德高望重"的"重"指威望高，"威重令行"的"重"指权势大，等等。

"重"字是一个多音多义字，当它念"chóng"的时候，表示重复、重叠、重新等含义。比如李益的诗句"明日巴陵道，秋山又几重"，李白的诗句"两岸猿声啼不住，轻舟已过万重山"，杜甫的诗句"五夜漏声催晓箭，九重春色醉仙桃"，苏轼的诗句"重重叠叠上瑶台，几度呼童扫不开"，郑会的诗句"酴醾香梦怯春寒，翠掩重门燕子闲"，陆游的诗句"山重水复疑无路，柳暗花明又一村"，龚自珍的诗句"我劝天公重抖擞，不拘一格降人才"，等等。

唐代诗人张籍在《秋思》中写道："洛阳城里见秋风，欲作家书意万重。

复恐匆匆说不尽，行人临发又开封。"秋风瑟瑟，勾起了漂泊者浓浓的思乡之情，千言万语都写在了家书里，等到信要寄出，又担心该说的话还没有说完，于是重新又把信封打开。一个小小的动作，流露出游子对家乡和亲人的无限想念，细腻而又真切。

洛阳城里见秋风，欲作家书意万重。
复恐匆匆说不尽，行人临发又开封。
（唐·张籍诗，刘定冲书）

篆文　康熙字典体

隶书　楷书

取青紫如俯拾地芥

　　清代时有一本非常著名的图画书《芥子园画传》，通常又称为《芥子园画谱》。《芥子园画谱》系统地介绍了中国画的基本技法，对于初学画画的人帮助很大。近现代的很多美术大师如黄宾虹、齐白石、潘天寿、傅抱石等，都曾把这本画谱当作提升绘画技能的范本，由此可见，其影响是十分广泛的。

　　顾名思义，《芥子园画谱》来自芥子园。芥子园是清代文学家、戏剧家、美学家李渔在江苏南京修建的别墅，《芥子园画谱》就是在这里刻印并流传出去的。之所以叫作"芥子园"，首先是指别墅占地面积小，好像芥菜的种子那样，微乎其微；其次是借用佛经"芥子纳须弥"的含义。"须弥"是佛经中记载的一座大山的名字。一颗小小的芥菜种子，也有足够的空间容纳像须弥这样的大山，这是观察自然、了解社会、认识自我的深刻哲理。正所谓"生如芥子有须弥，心似微尘藏大千"，从生理学的角度来看，人的大脑和心脏的容量都是非常有限的，但是人脑可以储存海量的知识，人心可以产生无限的心智，这就是"芥子纳须弥"的道理。

本文讲解的字，是《千字文》中的"芥"字。芥，jiè。

篆文的"芥"字属于形声字，由草字头（艹）和"介"字组成。草字头是义符，表示这个字和植物有关；"介"是声符，表示读音。东汉文字学家许慎在《说文解字》中指出："芥，菜也。从艸，介声。""芥"的本义指芥菜。

芥菜原产于我国，是一种十字花科蔬菜，叶子、根茎、种子都可以食用。南宋诗人陆游的《园中晚饭示儿子》写道："一饱何心慕万钟，小园父子自相从。蚍蜉布阵雨将作，蛱蝶成团春已浓。涧底束薪供晚爨，街头籴米续晨舂。盘餐莫恨无兼味，自绕荒畦摘芥菘。"这里的"芥"指芥菜，"菘"指白菜。这首诗的大概意思是说，人这辈子一日三餐能够填饱肚子就应当知足了，没有必要去羡慕那些俸禄优厚的家庭，也不要埋怨餐桌上的饭菜不够丰盛，自己到园子里摘些芥菜和白菜就很好。字里行间，表达了诗人对田园生活的享受之情。

南宋诗人刘克庄的《肃翁饷石门芥菜》写道："食指清晨动，馋涎异味来。高情分石芥，辣性似俎徕。"芥菜的种子味道辛辣，可以磨成粉当作调味品。由此，"芥"字又指芥末。唐代诗人白居易说"鱼鲙芥酱调"，生鱼片配着芥末酱一起吃，那就是人间难得的美味了。

成语"草芥人命"的"芥"指小草。"草芥人命"和"草菅人命"同义，意思是把人的生命看得像野草一样卑微。先秦史书《左传》中写道："国之兴也，视民如伤，是其福也；其亡也，以民为土芥，是其祸也。"把百姓当作受伤的病人来照顾，还是当作泥土和野草一样来践踏，这是推断一个国家是兴盛还是衰败的依据。

"芥"字从小草又引申指细小的事物。比如南宋诗人钱时的诗句"生身不作第三流，肯作坳堂一芥舟"，这里的"芥舟"，指小舟。北宋文学家苏轼的诗句"恨无乖崖老，一洗芥蒂胸"，这里的"芥蒂"，指细小的梗塞物，比喻积压在心中的不快或者怨恨。

《汉书·夏侯胜传》记载，西汉学者夏侯胜在给学生上课的时候，常常说道："士病不明经术，经术苟明，其取青紫如俯拾地芥耳。"这里的"青紫"是古代官印上青色或者紫色的绶带，借指高官显位；"地芥"则是地上的小草。意思是只要把书读好了，想当大官就像弯下腰从地上捡起一根小草那么容易。成语"芥拾青紫""俯拾地芥"就是从这里来的，比喻容易得到，或者轻轻松松就能够成功。

读书学习的目的，不是为了当大官、发大财，而是全面提升自己的素养，成为对国家和社会有用的人才。

甲骨文　　金文

篆文　　康熙字典体

隶书　　楷书

简体

姜桂之性，至老愈辣

　　南宋诗人乐雷发的《秋日行村路》诗云："儿童篱落带斜阳，豆荚姜芽社肉香。一路稻花谁是主，红蜻蜓伴绿螳螂。"

　　在秋天里的黄昏时分，诗人路过郊外的村庄，看见孩子们在篱笆旁欢快地玩耍。农家正在忙着做饭，豆荚、姜芽、社肉的香味在空气中弥漫。稻田里稻花盛开，红蜻蜓轻盈地飞舞，绿螳螂爬上了水稻的叶子……诗人笔下欢乐祥和、优美自然的田园景象，令人陶醉，满怀憧憬。

　　这首诗里的"姜芽"，指生姜长出的嫩芽。姜芽鲜嫩香脆，炒姜芽是一道开胃健脾的美食。姜芽的形状像人的手指，古人便常用"姜芽"这个词来形容手指聚拢在一起的样子。比如唐代诗人刘禹锡的诗句："柳家新样元和脚，且尽姜芽敛手徒。"唐代文学家柳宗元的诗句:"世上悠悠不识真,姜芽尽是捧心人。"

本文讲解的字,是《千字文》中的"姜"字。姜,jiāng。

需要注意的是,羊字头的"姜"字,起初是用来表示氏族的姓的。东汉文字学家许慎在《说文解字》中指出:"姜,神农居姜水,以为姓。从女,羊声。"上古时代,神农氏居住在姜水旁边,所以用"姜"字作为氏族的姓。众所周知,早期的原始社会属于母系社会,因此"姜"字含有偏旁"女"字;这个氏族是以"羊"作为图腾的,因此是羊字头(⺶);同时"羊"字还是声符,表示读音。

历史上最著名的姜姓人物,恐怕要数商周时期的姜尚了。前文《洪钟大吕,大扣大鸣》在讲解"吕"字的时候说过,姜尚又叫吕尚,字子牙,人称"姜子牙"或者"姜太公"。俗语"姜太公钓鱼,愿者上钩",就是从姜尚的故事来的。

表示植物的"姜"字,原本是一个繁体字,由义符草字头(艹)和弓字旁(弓)的"彊"字组成。许慎在《说文解字》中指出:"薑,御湿之菜也。从艸,彊声。""薑"的本义指一种多年生草本植物。"薑"的地下根茎呈黄色,味道辛辣,是烹饪常用的调味品,也可以药用。五代南唐时期的学者徐锴在《说文解字系传》中写道:"薑可以止腹病,治脚下湿。"中医学认为,"薑"具有益脾胃、散风寒、祛湿气的功效,所以许慎把"薑"称为"御湿之菜"。

随着文字的演变,"薑"字去掉了"弓"字,变成笔画稍为简单一点的繁体字"薑"。最后经过再次简化,表示姜姓的"姜"字,也兼指"薑"这种植物。

南宋时期,宋朝和金朝长期对峙。南宋宰相秦桧属于议和派,主张对金国妥协投降,极力排斥和打击主战派。当时朝廷有一位名叫晏敦复的大臣,坚决反对议和,并上书揭露秦桧卖国求荣的种种丑恶行径。秦桧随后派了一个亲信去劝说晏敦复。晏敦复回答说:"吾终不为身计误国家。况吾姜桂之性,至老愈辣,请勿言。"晏敦复为了维护国家利益,不顾个人安危,毅然拒绝了秦桧的拉拢收买，并且用"姜桂之性，至老愈辣"来表明自己性格刚烈，不可屈服。这个故事，记录在《宋史》晏敦复的传记里。俗话说"姜是老的辣"，大概就是从这个故事而来的，现在多用来比喻有资历有经验的人，办事老练稳重或者难以对付。

南宋词人李昂英在《水调歌头》中写道："松柏苍然长健，姜桂老来愈辣，劲气九秋天。鲠鲠撄鳞语，不改铁心坚。"家是最小国，国是千万家，家国一体，荣辱与共。历史上凡是奴颜婢膝，为了一己之私损害和出卖国家利益的人，都没有好下场。而那些为了国家富强、民族振兴、人民幸福奋斗不息乃至舍生取义的人，永远都是国家的柱石、民族的脊梁、人民的英雄，千古流芳，永垂不朽。

金文

篆文

汉帛书

康熙字典体

隶书

楷书

扫码听音频

煮海之民何苦辛

现代文学家鲁迅先生在《阿长与〈山海经〉》这篇文章中，深情地回忆了他小时候和家里的女工长妈妈交往的一些小故事。其中提到，长妈妈找到了画着"人面的兽，九头的蛇，三脚的鸟"的《山海经》，这件小事让鲁迅先生终生难忘。

鲁迅先生小时候朝思暮想的《山海经》，是我国古代的一本地理著作，里面记载着很多神话传说。比如《山海经·北山经》就写道，上古时代的部落首领炎帝有一个小女儿，名字叫作"女娃"。有一天，女娃到东海游泳，结果被海水淹死了。女娃死后，她的灵魂变成了精卫鸟。精卫鸟经常用嘴巴叼着西山上的树枝和石头丢进东海，想要把大海填平。成语"精卫填海"，就是从这个故事而来的，比喻意志坚决，百折不挠，不怕艰险，奋斗不息。

本文讲解的字，是《千字文》中的"海"字。海，hǎi。

金文的"海"字属于形声字，由义符"水"字和声符"每"字组成。东汉文字学家许慎在《说文解字》中指出："海，天池也，以纳百川者。从水，每声。""海"的本义指大海，就是和大洋连接、靠近大陆的水域。先秦道家著作《庄子》写道："井蛙不可以语于海者，拘于虚也；夏虫不可以语于冰者，笃于时也。"意思是说，对于水井中的青蛙，不能和它谈论大海，因为大海在它眼里是虚幻的；对于夏天出生秋天死去的昆虫，不能和它谈论结冰的事情，因为它根本活不到冬天，从来没有见过冰块。

"海"字从大海引申指大的湖泊或者水池。比如我国最大的内陆咸水湖是青海湖，青海省的名称就是从青海湖得来的。又比如我国云南省境内的洱海，就是一个巨大的淡水湖。

在古代，人们把一些大型的容器也称为"海"。北宋诗人程俱在《谢人惠砚》中写道："帝鸿墨海世不见，近爱端溪青紫砚。"诗中的"墨海"，指大砚台、大墨盆。唐代诗人白居易的《就花枝》写道："就花枝，移酒海，今朝不醉明朝悔。"诗中的"酒海"，是一种大型的盛酒容器。

由于海的面积大、海水多，人们把某些聚集数量多、范围广的人或者事物，也比喻为"海"。比如大家都很熟悉的一副对联："书山有路勤为径，学海无涯苦作舟。"清代诗人赵翼的诗句："学海迷茫未有涯，何来捷径指褒斜。"这里的"学海"，比喻广阔无边的学问领域。此外，还有"云海""林海""火海""苦海""人海"等。

"海"字作形容词用的时候，意思是容量大的，比如"海碗""海量""海报""夸下海口"等。海枣的"海"字，则是从海外而来的意思。因为海枣原产于西亚和北非，不是我国本土树种，所以叫作"海枣"。

北宋柳永有诗《鬻海歌》云：

煮海之民何所营，妇无蚕织夫无耕。

衣食之源太寥落，牢盆煮就汝轮征。

年年春夏潮盈浦，潮退刮泥成岛屿。

风干日曝咸味加，始灌潮波溜成卤。

卤浓碱淡未得闲，采樵深入无穷山。

豹踪虎迹不敢避，朝阳山去夕阳还。

船载肩擎未遑歇，投入巨灶炎炎热。

晨烧暮烁堆积高，才得波涛变成雪。

自从潴卤至飞霜，无非假货充饿粮。

秤入官中得微直，一缗往往十缗偿。

周而复始无休息，官租未了私租逼。

驱妻逐子课工程，虽作人形俱菜色。

鬻海之民何苦辛，安得母富子不贫。

本朝一物不失所，愿广皇仁到海滨。

甲兵净洗征轮辍，君有余财罢盐铁。

太平相业尔惟盐，化作夏商周时节。

柳永是北宋著名的词人，是婉约派的代表，写过很多风花雪月的作品。但是这首《鬻海歌》完全是写实主义，没有丝毫婉约的味道，颠覆了我们所熟悉的柳永的形象。《鬻海歌》又名《煮海歌》，这首诗非常具体地描写了北宋盐民在海边煮盐的艰辛生活，反映了盐民遭受官府压榨剥削的悲惨境况，呼吁朝廷消除战争，罢免煮盐税和劳役，展现了柳永关心底层百姓疾苦、敢于为民请命的一面。

"铁肩担道义，妙手著文章。"那些以人民为中心，为了人民利益而奋笔疾书、奔走呼号的作家和作品，总是值得我们尊敬的。

甲骨文　金文

战国文字　篆文

康熙字典体　隶书

楷书　简体

咸蛋是腌鸭子生出来的吗

箫声咽，秦娥梦断秦楼月。秦楼月，年年柳色，灞陵伤别。

乐游原上清秋节，咸阳古道音尘绝。音尘绝，西风残照，汉家陵阙。

这是唐代诗人李白写的一首词，词牌名为《忆秦娥》。这首词，上阕写的是"伤别"，下阕写的是"伤逝"，个人情感与家国情怀紧密相连，浑然一体，在深深的悲伤之中，蕴含着一种雄壮的格调，被誉为我国诗歌史上的"千古绝唱"。

词中的"清秋节"指重阳节；"咸阳"则是秦始皇统一中国后秦朝国都的所在地，有"天下第一帝都"的美称。

前文《阳春有脚，温暖人间》在讲解"阳"字的时候曾经说过，山的南面或者水的北面称为"阳"。从地理位置来看，咸阳处于陕西九嵕山的南面、渭河的北面，既在山南又在水北，山水俱阳，"咸阳"这个地名就是由此而来的。

本文讲解的字，是《千字文》中的"咸"字。咸，xián。

甲骨文的"咸"字属于会意字，由"戌"字和"口"字组成，表示用斧头把物品全部打碎。也有学者认为，"戌"字代表斧头，"口"字代表人的嘴巴，"咸"字的意思是说在武力的恐吓和镇压之下，人们都不敢开口说话，由此产生出"全部"的含义。东汉文字学家许慎在《说文解字》中指出："咸，皆也，悉也。从口，从戌。戌，悉也。""咸"的本义指全部，比如"少长咸集""内外咸服""老少咸宜"等。

谷衍奎先生在《汉字源流字典》里则认为，"戌"字表示征战，"口"字表示呐喊助威，因此，"咸"字是"喊"字最初的写法，本义是众人齐声呼喊。随着文字的演变，"咸"字才逐渐引申出普遍、全部、已经等含义。

需要注意的是，《千字文》中"海咸河淡"的"咸"字，是根据读音相同的原则进行了简化的汉字。它原本是一个繁体字，由义符"卤"字和声符"咸"字组成。

东汉文字学家许慎在《说文解字》中指出："鹹，衔也，北方味也。从卤，咸声。"意思是说，"鹹"是一种可以含在嘴里品尝、代表北方口味的味道。为什么说代表北方口味呢？因为在古人看来，凡是味道咸的东西，都是从水汽之中产生的。而根据"金木水火土"的五行学说，水所在的方位正是北方，所以许慎说："鹹，北方味也。""鹹"的本义指像盐一样的味道。比如，北宋诗人傅察的诗句"吾友张子斯人徒，嗜好酸鹹与众殊"，南宋诗人华岳的诗句"淡鱼才煮鹹鱼熟，白酒新篘红酒香"，等等。后来经过简化，表示味道的"鹹"字和表示全部的"咸"字就统一写成了简体的"咸"字。

清代学者石成金的《笑得好》中写道，从前有两个人坐在一起吃腌鸭蛋，其中一个咬了一口之后，非常惊讶地问道："我平常吃的鸭蛋味道都是很淡的，为什么这次吃的那么咸呢？"另一个人马上回答道："还好你问的是像我这样聪明的人，知道腌鸭蛋是怎么来的。我告诉你吧，这种咸蛋，就是从腌鸭子的肚子里生出来的！"这个笑话，讽刺的是那些不懂装懂、自以为是的人。

学习、做学问要有实事求是、谦虚谨慎的态度，知道的就说知道，不知道的就说不知道，不能自欺欺人、好为人师，以免闹出"咸蛋是腌鸭子生出来的"这样的笑话。

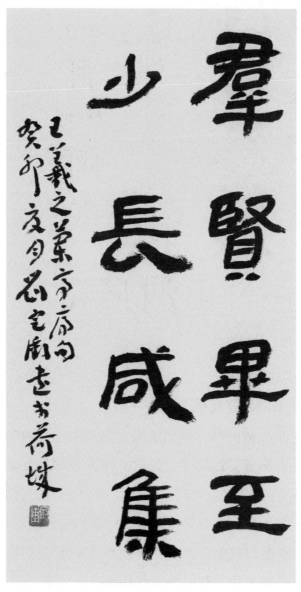

群贤毕至，少长咸集。（刘定冲书）

甲骨文　　　　金文

战国文字　　　篆文

康熙字典体　　隶书

楷书

家国情怀，山河同在

　　在西汉历史学家司马迁写的《史记·滑稽列传》中，有一个"西门豹治邺"的故事，说的是战国时期，魏国的国君魏文侯任命西门豹为邺县的县令，负责管理邺县的地方事务。西门豹上任之后，发现邺县人烟稀少，死气沉沉，老百姓的日子十分穷苦。经过多方打听，西门豹了解到，邺县的官吏和几个老巫婆互相勾结，装神弄鬼，榨取百姓钱财，所以邺县才会沦落到如此悲惨的地步。地方官吏和老巫婆们欺骗百姓说，流经邺县的漳河里住着一个河神，河神每年都要娶一个年轻貌美的媳妇，如果邺县人民满足不了河神的这个要求，漳河就会洪水泛滥，淹没房屋，害人性命。邺县人民年年都要凑钱给河神娶媳妇，因此穷困潦倒。养有女儿的人家，害怕自己的孩子被河神看中，纷纷逃离了邺县。西门豹了解情况后，巧施妙计，把压榨百姓的官吏和老巫婆全部丢进河里喂鱼，破除了当地的迷信风俗。接着他又带领人们兴修水利，灌溉农田，发展生产，人民的生活逐渐好了起来，邺县也一天比一天繁荣。

西门豹治邺，破除"河伯娶妇"的迷信，成为历史上有名的故事。

本文讲解的字，是《千字文》中的"河"字。河，hé。

甲骨文的"河"字属于形声字，由义符"水"字和声符"可"字组成。东汉文字学家许慎在《说文解字》中指出："河，水。出敦煌塞外昆仑山，发原注海。从水，可声。"意思是说，河水来自敦煌、边塞之外的昆仑山，从源头出发，注入大海。从这段解释我们可以知道，"河"的本义指黄河。比如"河汾"，指黄河与汾水；"河汉"，指黄河与汉水；"河岳"，指黄河与五岳；"河朔"，指黄河以北的地方；等等。

唐代诗人李白在《将进酒》中写道："君不见黄河之水天上来，奔流到海不复回。"黄河发源于青海省巴颜喀拉山脉，流经青海、四川、甘肃、宁夏、内蒙古、陕西、山西、河南、山东九个省区，在山东省东营市垦利区注入渤海。黄河全长5464公里，是我国第二长河、世界第五长河。黄河孕育了源远流长的中华文明，是中华民族的"母亲河"。黄河流经的黄土地，是华夏儿女魂牵梦萦、割舍不断的"根"。

"河"字从专指黄河引申泛指河流。比如，我国先秦诗歌总集《诗经》中的"关关雎鸠，在河之洲""委委佗佗，如山如河"；唐代诗人陈陶的诗句"可怜无定河边骨，犹是春闺梦里人"，岑参的诗句"剑河风急雪片阔，沙口石冻马蹄脱"，柳中庸的诗句"岁岁金河复玉关，朝朝马策与刀环"；等等。

清代诗人孙枝蔚在《贾客妇》中写道："天上有双星，一年一渡河。"这里的"河"字，指的则是天河、银河。牛郎星和织女星隔着天河一年相会一次，这个从星座天象演变出来的神话传说，激发了历代文人墨客无穷无尽的浪漫情怀。

在古诗词中，"河"字和"山"字相连，组成词语"河山"或者"山河"，泛指国家疆土，由此产生了无数饱含家国情怀、令人心潮澎湃的壮美诗篇。比如，唐代诗人杜甫的诗句"国破山河在，城春草木深"，南宋诗人韩彦质的诗句"山河千载业，天地一戎衣"，元代诗人王冕的诗句"山河频入梦，风雨独关心"，明代诗人夏完淳的诗句"无限河山泪，谁言天地宽"，清代诗人顾炎武的诗句"感慨河山追失计，艰难戎马发深情"，近代诗人苏曼殊的诗句"水晶帘卷一灯昏，寂对河山叩国魂"，当代诗人郭沫若的诗句"锦绣山河好，今朝气象殊"，等等。

家国情怀是我国历代优秀文学作品一脉相承的传统，是中华文明生生不息的灵魂，值得我们用心、用情去体会和感悟。

金文 战国文字

篆文 康熙字典体

隶书 楷书

扫码听音频

君子之交淡若水

现代文学家鲁迅的《莲蓬人》诗云："芰裳荇带处仙乡，风定犹闻碧玉香。鹭影不来秋瑟瑟，苇花伴宿露瀼瀼。扫除腻粉呈风骨，褪却红衣学淡妆。好向濂溪称净植，莫随残叶堕寒塘。"

荷花凋谢之后，长出莲蓬，在水中亭亭玉立，像是站着的人，所以鲁迅先生运用拟人的手法，把莲蓬称为"莲蓬人"。

诗中的"濂溪"，是北宋理学家周敦颐的别号。《爱莲说》是周敦颐写的歌颂荷花的名篇，这篇文章中的"出淤泥而不染，濯清涟而不妖，中通外直，不蔓不枝，香远益清，亭亭净植"，已经成为千古传诵的佳句。在鲁迅先生看来，莲蓬的品格也像荷花一样，"出淤泥而不染"，所以他赞美莲蓬"扫除腻粉呈风骨，褪却红衣学淡妆"，同时也借此来表明他的志向，就是虽然身处黑暗的社会环境中，但是他决不会自甘堕落、同流合污，而是要像莲蓬那样，做一个独立挺拔的有"风骨"的人。

本文讲解的字，是《千字文》中的"淡"字。淡，dàn。

篆文的"淡"字属于形声字，由义符"水"字和声符"炎"字组成。东汉文字学家许慎在《说文解字》中指出："淡，薄味也。从水，炎声。""淡"的本义指味道不浓厚。比如先秦道家经典《老子》中的句子："道之出口，淡乎其无味。"《汉书·扬雄传》中的句子："大味必淡……大道低回。"

也有学者认为，"淡"字属于会意字，表示熊熊燃烧的大火被水抑制了火势，或者表示用火煮出来的食物味道不浓。这些说法，可供我们参考。

"淡"字从味道不浓厚引申指液体或者气体中所包含的某种成分稀薄、稀少。比如元代诗人王冕的诗句："我家洗砚池边树，朵朵花开淡墨痕。"宋代词人李清照的《声声慢》中的句子："三杯两盏淡酒，怎敌他、晚来风急。"

我们平常说的"这道菜有点淡"，这里的"淡"特指含盐分量少，和"咸"相反。比如先秦儒家著作《荀子》中的句子："甘苦咸淡辛酸奇味，以口异。"

"粗茶淡饭"的"淡"，指饮食简陋。"轻描淡写"的"淡"，指颜色浅。"待人冷淡"的"淡"，指冷落、关系不密切。"恬淡寡欲"的"淡"，指安静、闲适。"淡季""淡月"的"淡"，指生意不兴旺。北宋文学家苏轼的诗句"莫笑吟诗淡生活，当令阿买为君书"里的"淡"，指的则是无聊、没有意思。这些都是"淡"字的引申义。

先秦道家著作《庄子》中写道："且君子之交淡若水，小人之交甘若醴。君子淡以亲，小人甘以绝。"这段话的大概意思是说，君子之间的交往，像水一样清淡，不掺杂有任何功利的目的在里面；小人之间的交往，则像甜酒一样浓厚，存在各种交易或者说利益纠葛。交友之道，应当讲究真情，坦诚相待，而不应过于"精明"，工于心计，把"小九九"打得噼啪响。

南宋诗人刘宰有诗写道："由来道同相为谋，利交始合终相仇。"那些唯利是图、为了相互利用而走在一起的所谓"朋友"，总有一天会为了利益而反目成仇，只有建立在志同道合基础上的纯净如水的友谊，才有可能天长地久，历久弥新。

君子之交淡若水，小人之交甘若醴。

（何潮玲书）

鱗 篆文

鱗 康熙字典体

鱗 隶书

鱗 楷书

鳞 简体

"批逆鱗" 是什么意思

据北宋学者计有功《唐诗纪事》记载，唐长庆年间，诗人元稹、刘禹锡、韦楚客一起在白居易家里聚会。大家一边喝酒一边聊天，兴致很高，于是决定以"南朝兴废"的历史为主题，每个人分别写一首诗。刘禹锡速度最快，他一口干了满满一杯酒，马上写道："王濬楼船下益州，金陵王气黯然收。千寻铁锁沉江底，一片降幡出石头。人世几回伤往事，山形依旧枕寒流。今逢四海为家日，故垒萧萧芦荻秋。"

白居易把刘禹锡写的诗拿过来一看，非常感慨地说道："四人探骊龙，子先获珠，所余鳞爪，何用耶！"意思是说，我们四个人一起去寻找黑龙，老兄您首先拿到了最为宝贵的龙珠，只剩下一鳞半爪留给我们，还有什么用处呢！白居易说完，大家都认为，关于"南朝兴废"这个主题，刘禹锡已经写出了最好的作品，在座的其他人没有必要再浪费时间去写了。

我们从这个故事可以学到两个词语，一个是成语"探骊得珠"，比喻写文章抓住了要害和关键；另一个是"鳞爪"，比喻事物的片段或者点滴。比如清代诗人龚自珍的诗句："东云露一鳞，西云露一爪。与其见鳞爪，何如鳞爪无。"

本文讲解的字，是《千字文》中的"鳞"字。鳞，lín。

篆文的"鳞"字属于形声兼会意字，由义符"鱼"字和声符"粦"字组成，声符"粦"字同时表示像磷火一样闪闪发光的意思。东汉文字学家许慎在《说文解字》中指出："鳞，鱼甲也。从鱼，粦声。""鳞"的本义指鱼鳞，泛指鳞甲，也就是鱼类和某些爬行动物、哺乳动物身体表面长着的骨质或者角质薄片，是皮肤的衍生物，可以起到保护作用。比如战国时期楚国文学家宋玉《高唐赋》中的句子："交积纵横，振鳞奋翼。"

"鳞"字从鱼鳞引申为鱼的代称，比如"鳞羽"，指鱼类和鸟类。此外，"鳞羽"这个词也用来比喻形迹。比如唐代诗人杜牧的诗句"但为适性情，岂是藏鳞羽"，意思是说，诗人选择在偏僻的地方居住，只是为了快意人生，而不是故意要隐藏自己的行踪。又比如"鳞鸿"，指鱼和大雁，后来这个词被用来当作书信的代称。西晋文学家傅咸在《纸赋》中写道："鳞鸿附便，援笔飞书。"这里的"鳞鸿"，指的就是书信。

"鳞"字从鳞甲引申泛指有鳞甲的动物。儒家经典《礼记·月令》中写道："孟春之月……其帝太暤，其神句芒。其虫鳞。"意思是说，初春的时候，主宰天地的是五帝中的太暤和五神中的句芒，在这个季节，鳞甲动物的活动是最为活跃的。

唐代诗人李贺在《雁门太守行》中写道："黑云压城城欲摧，甲光向日金鳞开。"这里的"鳞"字，指像鱼鳞一样的事物。士兵们的铠甲在太阳的照耀下闪闪发光，像是金色的鱼鳞，所以诗人把它形容为"金鳞"。又比如成语"鳞次栉比"，意思是像鱼鳞和梳子的齿牙一样按顺序密集地排列在一起。

先秦法家著作《韩非子·说难》中写道："夫龙之为虫也，柔可狎而骑也；

然其喉下有逆鳞径尺，人有婴之，则必杀人。人主亦有逆鳞，说之者能无婴人主之逆鳞，则几矣。"这段话的意思是说，龙这种动物，当它性情温驯的时候，是可以骑在它身上和它玩耍的，但是它的喉咙下面有一尺长的倒长着的鳞片，这是一个禁区，是不允许触碰的，否则它就会暴跳如雷甚至杀人灭口。正所谓"伴君如伴虎"，人世间的君主也像龙一样长有"逆鳞"，臣子们在向君主提出意见和建议的时候，只有小心翼翼，不去触碰君主的"逆鳞"，才有可能保障自己的人身安全。后来，人们常常用"批逆鳞"这个词来比喻臣下冒犯了君主，或者比喻弱者触怒了强者，出处就是《韩非子》的这段话。

前文《姜桂之性，至老愈辣》在讲解"姜"字的时候，曾经提到过南宋词人李昴英《水调歌头》中的两句词："鲠鲠撄鳞语，不改铁心坚。"在中华民族的历史上，总有一些置生死于度外的人，敢于为了国家和民族的利益"批逆鳞"，大声疾呼，毫不畏惧。他们的铮铮铁骨，浩然正气，将载入史册，彪炳千秋，不可磨灭。

<table>
<tr><td>篆 文</td><td>康熙字典体</td></tr>
<tr><td>隶 书</td><td>楷 书</td></tr>
<tr><td>简 体</td><td></td></tr>
</table>

初九潜龙勿用

南宋诗人释师范的《偈颂》诗云："五月端午节，底事不须说。百怪尽潜踪，群魔俱殄灭。"所谓"偈颂"，就是佛经中的唱颂词，也可以理解为佛家写的意味深长、引人入胜的诗文。

农历五月初五端午节是我国的传统节日。"端"的意思是开头、初始，"午"指第五，"端午"就是初五。按照古代农历的算法，五月也称为"午月"，所以端午节又叫"重午节"，意思是两个"五"重合在一起了。端午正是盛夏时节，阳气变得旺盛，天气渐渐炎热，各种细菌、病毒繁衍传染，危害人们的健康。古时候在这一天，我国很多地方都有撒石灰、烧艾草、喝雄黄酒、饮百草汤、吃辛辣食物等风俗，希望通过这些方式，可以驱除邪魔，消灭病毒，预防瘟疫，保护健康。所谓"百怪尽潜踪，群魔俱殄灭"，说的正是这个意思。

本文讲解的字，是《千字文》中的"潜"字。潜，qián。

篆文的"潜"字属于形声兼会意字，由义符"水"字和声符"暜"字组成，声符"暜"同时表示插入的意思。后来经过简化，就变成了现在的"潜"字的写法。东汉文字学家许慎在《说文解字》中指出："潜，涉水也。一曰藏也。从水，暜声。""潜"的本义指在水面下移动、行走，比如"潜水""潜泳"，又比如西汉哲学经典《淮南子》中的句子："山居木栖，巢枝穴藏，水潜陆行，各得其所宁焉。"自然万物，有的在水面下游走，有的在陆地上爬行，所以说"水潜陆行"。

"潜"字从在水面下移动、行走引申指潜伏、没入水中，比如"鱼潜鸟飞"，又比如我国先秦诗歌总集《诗经》中的句子："鱼潜在渊，或在于渚。"

成语"潜光隐耀"的"潜"，意思是隐藏、隐秘。把自己的光彩隐藏起来，就是隐居山林，不问世事了。南朝文学家江淹《知己赋》中"潜志百氏，沉神六经"里的"潜"，指沉下心来，专心致志。前文《好雨知时节》在讲解"雨"字的时候，曾引用唐代诗人杜甫的诗句"随风潜入夜，润物细无声"，诗中的"潜"字，指暗中、秘密，悄无声息，比如"潜逃""潜行""潜力""潜能"等。先秦道家著作《庄子》中"上窥青天，下潜黄泉"里的"潜"，指探测。唐代诗人韩愈的诗句"虎豹僵穴中，蛟螭死幽潜"里的"潜"，指深处。以上这些，都是"潜"字的引申义。

金庸武侠小说《射雕英雄传》中的洪七公、郭靖，《天龙八部》中的萧峰，这些江湖上的英雄人物，都会一门非常厉害的武功"降龙十八掌"。在"降龙十八掌"里面有一招"潜龙勿用"，这个招式的名称出自先秦经典《周易》。

《周易》这本书里一共有六十四个卦象，每个卦象由六条横线组成，其中有实线，代表"阳"和数字"九"；有虚线，代表"阴"和数字"六"。这六条横线从下往上按顺序分别叫"初""二""三""四""五""上"。每个卦象的每一条横线都有特定的含义，由此构成了《周易》恢宏的知识理论体系。

六十四卦的第一卦是"乾坤"的"乾"卦，由六条实线组成，是一个纯阳的卦象，古人常常用它来比喻"天"和"龙"的刚健精神。乾卦最底下的一条横线叫作"初九"，古人赋予它的含义是"潜龙勿用"，意思是潜伏在深水之中的龙，还没有达到腾飞上天的时候。

元代词人林辕在《水调歌头》中写道："初九潜龙勿用。"每个人的成长，都像潜龙一样，需要经历打牢基础、增长知识、学习本领、提高能力的过程，只有历经风雨，才会看见彩虹，只有耐得住寂寞，才会迎来鲜花和掌声。

甲骨文	金 文
战国文字	篆 文
康熙字典体	隶 书
楷 书	

万古云霄一羽毛

　　前文《煮海之民何苦辛》在讲解"海"字的时候曾经说过,《山海经》是我国古代非常神奇的地理著作。在这本书里,记载了许多神话故事及各种各样奇异的事物。比如《海外南经》就提到,在海外有一个"羽民国","其为人长头,身生羽",而且"其为人长颊"。《大荒南经》也说道,在成山这个地方,"有羽民之国,其民皆生毛羽"。从这些简单的记载中,我们可以知道,羽民国里的人,身上都长着羽毛,还有长长的脑袋和长长的脸颊,就像天上飞翔的鸟儿一样。

　　羽民国的神话,反映了古人丰富的想象力,以及对无拘无束的自由生活的向往。特别是在社会动荡不安或者遭遇大灾大难的时候,人们对自由的渴望就显得更为强烈。唐代诗人杜甫在《大麦行》中写道："大麦干枯小麦黄，妇女行泣夫走藏。东至集壁西梁洋，问谁腰镰胡与羌。岂无蜀兵三千人，部领辛苦江山长。安得如鸟有羽翅，托身白云还故乡。"唐朝末年，朝纲不振，国力衰弱，边疆地区更是战火不断，民不聊生。诗人通过对麦收时期边境战乱的悲惨场景的描写，表达了流离失所的人们和疲于奔命的将士憎恨战争、呼唤和平的愿望。"安得如鸟有羽翅，托身白云还故乡"，大家都希望自己可以像鸟儿一样长出翅膀来，飞上天空，掠过白云，回到家乡过自由、安稳、宁静的日子。这是发自肺腑的心声，也是对社会动乱不安的痛心疾首的控诉。在这里，羽民国的幻想变成了诗人笔下悲愤的人们迫切祈求实现的梦想。

本文讲解的字，是《千字文》中的"羽"字。羽，yǔ。

东汉文字学家许慎在《说文解字》中指出："羽，鸟长毛也。象形。"甲骨文的"羽"字属于象形字，像是两根羽毛的形状。"羽"的本义指鸟儿翅膀上的长毛。比如，北宋文学家苏轼的诗句"葛巾羽扇挥三军"的"羽扇"，就是用鸟儿的羽毛制作而成的扇子。又比如"羽书"，指插着鸟儿羽毛的军事文书，表示情况紧急，需要火速传递出去。我们比较熟悉的"鸡毛信"，就属于"羽书"。

"羽"字从鸟儿的羽毛引申指鸟类或者昆虫类的翅膀，比如南宋诗人陆游的诗句"有心求缩地万里，无羽可朝天九重"，东汉文学家张衡《七辩》中的句子"京城阿缟，譬如蝉羽"，等等。先秦杂家著作《管子》中"寡人之有仲父也，犹飞鸿之有羽翼也"里的"羽翼"，是用鸟类的翅膀来比喻辅佐左右的人。"羽翼"除了用作名词，也可以用作动词，比如先秦杂家著作《吕氏春秋》中的"然而名号显荣者，三士羽翼之也"。

北宋诗人梅尧臣"池清少游鱼，林浅无栖羽"里的"羽"，是鸟类的代称。唐代诗人卢纶"平明寻白羽，没在石棱中"里的"羽"，指弓箭中的"箭"。南北朝诗人庾信"楼船聊习战，白羽试挥军"里的"羽"，指旌旗。先秦法家著作《韩非子》中"立有间，时季羽在侧"里的"羽"，指党羽、朋友。以上这些，都是"羽"字的引申义。

唐代诗人杜甫的《咏怀古迹五首·其五》诗云："诸葛大名垂宇宙，宗臣遗像肃清高。三分割据纡筹策，万古云霄一羽毛。伯仲之间见伊吕，指挥若定失萧曹。运移汉祚终难复，志决身歼军务劳。"这是诗人瞻仰武侯祠之后写下的感怀之作，表达了对三国时期蜀国丞相诸葛亮的深深的景仰之情。在杜甫看来，诸葛亮治国理政的才能和商周时期有名的宰相伊尹、吕尚相比，实在是难分高低，诸葛亮指挥军事的艺术更是在汉朝宰相萧何、曹参之上。诸葛亮辅佐刘备"三分天下有其一"，大家都觉得非常了不起，事实上这只是他的才华的一小部分而已，就像"万古云霄一羽毛"那样微乎其微。由此可见，杜甫对诸葛亮的评价是相当高的。

当然，我们也可以把"万古云霄一羽毛"理解为诸葛亮志行高洁、卓尔不群的写照。他"鞠躬尽瘁，死而后已"的忠诚和奉献精神，永远值得后人敬仰和学习，并代代传承下去。

翔　　翔

篆 文　　康熙字典体

翔　　翔

隶 书　　楷 书

扫码听音频

碧云深处共翱翔

　　先秦道家著作《庄子》写道，传说在天池这个地方，有一种大鸟，名字叫作鹏，它的背脊像泰山一样雄伟，翅膀像挂在天边的云层那样广阔。大鹏起飞的时候，刮起的旋风可以冲上几万里的高空。有一只小麻雀看见大鹏闹出这么大的动静，就嘲笑它说："我腾跃而上，不过数仞而下，翱翔蓬蒿之间，此亦飞之至也。而彼且奚适也？"意思是，我拼命往上飞，不过几百米就掉下来了，能够在草丛之间自由翱翔，我就心满意足啦，大鹏这个家伙，飞那么高那么远干吗，它到底是要飞到哪里去呢？

　　大鹏和麻雀的故事说明，志向不同的人，他们所能达到的境界也不一样，会有高低之分。西汉历史学家司马迁在《史记》中写道，秦末农民起义领袖陈胜年轻的时候，有一天在地里干活累了，就停下来对伙伴们说："如果有一天我享受到了荣华富贵，一定不会忘记大家的！"伙伴们听了，哈哈大笑，回答说："你只是一个被人家请来耕田的农夫，哪里会有什么富贵呢？"陈胜见伙伴们都不理解他，长叹了一口气，说道："嗟乎！燕雀安知鸿鹄之志哉！"意思是，你们这些小麻雀，哪里会懂得天鹅的远大理想啊。陈胜所说的"燕雀安知鸿鹄之志"，就是从《庄子》中大鹏和麻雀的故事演变而来的。

飞翔的高度不一样，眼界也会不一样。

本文讲解的字，是《千字文》中的"翔"字。翔，xiáng。

东汉文字学家许慎在《说文解字》中指出："翔，回飞也。从羽，羊声。"篆文的"翔"字属于形声字，由义符"羽"字和声符"羊"字组成。"翔"的本义指鸟儿张开翅膀盘旋而飞。有学者认为，羊的角是弯曲的，所以"羊"字除表示读音，还表示盘旋而飞的意思。这个观点可供我们参考。

在现代汉语中，"翱翔"常常连用，表示在高空飞行或者盘旋，而在古代汉语中，"翱"字和"翔"字是有区别的。东汉学者高诱在注解西汉哲学经典《淮南子》时写道："翼一上一下曰翱，不摇曰翔。"意思是，鸟儿的翅膀上下扇动的时候叫作"翱"，一动不动回旋飞行的时候叫作"翔"。

三国时期魏国文学家曹植在《梁甫行》中写道："八方各异气，千里殊风雨。剧哉边海民，寄身于草野。妻子象禽兽，行止依林阻。柴门何萧条，狐兔翔我宇。"前文《煮海之民何苦辛》在讲解"海"字的时候，曾经引用北宋词人柳永反映海边盐民艰苦生活的作品《鬻海歌》。曹植写的这首诗，同样是描写海边村民的悲惨境遇的。这些村民居住在破旧的茅草屋里，妻子和儿女像野兽一样流落在地形险峻的山林中，他们的家门口冷冷清清，狐狸和野兔大摇大摆、肆无忌惮地走来走去。曹植通过白描的手法，真实地反映了当时边海贫民无比凄凉的生存状况，笔端饱含着他对底层劳动人民的深深的悲悯之情。"柴门何萧条，狐兔翔我宇"中的"翔"，指悠闲地行走。

儒家经典《礼记》中写道："室中不翔，并坐不横肱。"这里的"翔"，指走路的时候像鸟儿一样张开双臂。整句话的意思是说，在室内不要张开双臂行走，和别人并排坐在一起的时候不要横着胳膊，因为这是不礼貌的行为。

唐代传奇小说《柳毅传》中的句子"凝听翔立，若有所伺"里的"翔"，指回顾、观望。在古汉语中，当"翔"字和价格联系在一起时，通常指的是上涨的意思。比如"物价日翔"，就是物品的价格一天比一天高涨。此外，飞翔的"翔"和详细的"详"、吉祥的"祥"也常常通用。

唐代诗人戴叔伦的《夏日登鹤岩偶成》诗云："天风吹我上层冈，露洒长松六月凉。愿借老僧双白鹤，碧云深处共翱翔。"诗人夏天攀登鹤岩，松林里迎面吹来习习凉风，由此萌发了要和老僧人骑上仙鹤，一起到蓝天白云深处纵情飞翔的浪漫念想。"愿借老僧双白鹤，碧云深处共翱翔"表达了摆脱俗务、远离尘嚣，向往自由、天人和谐的美好愿望。

天风吹我上层冈，露洒长松六月凉。
愿借老僧双白鹤，碧云深处共翱翔。
（唐·戴叔伦诗，杨志达书）

泱泱华夏，天宝物华

——《千字文》第四节概述

剑号巨阙，珠称夜光。
果珍李奈，菜重芥姜。
海咸河淡，鳞潜羽翔。
（梁书惠，12岁书）

前文对《千字文》第四节中的"剑号巨阙，珠称夜光。果珍李柰，菜重芥姜。海咸河淡，鳞潜羽翔"这24个字进行了单个字的讲解，本文串讲这一节的内容。

"剑号巨阙"，意思是说，名号最响亮的宝剑是巨阙剑。传说在春秋战国时期，越国著名的工匠欧冶子耗费了数年的时间和心血，为越王打造了五把佩剑。其中有三把长剑，取名"巨阙""纯钩""湛卢"，有两把短剑，取名"胜邪""鱼肠"。南宋诗人孙因在《越问·金锡》中写道："观地产之所宜兮，惟金锡之最良。……合众灵而成器兮，为宝剑凡有五。曰湛卢与巨阙兮，盖珍名之最著。"说的正是欧冶子铸剑的故事。据史书记载，巨阙剑"刃长三尺有三，柄长七寸，刃宽约五寸，重约五斤，挥动时剑气纵横"，不愧为"旷世利器"。欧冶子铸造的宝剑有三把长剑、两把短剑，由此衍生出成语"三长两短"，指意外的事故或者灾祸。西汉历史学家司马迁写的《史记·刺客列传》中，有一个剑客专诸刺杀吴王僚的故事。据说专诸当时用的宝剑，就是欧冶子锻造的鱼肠剑。

"珠称夜光"，意思是说，价钱最贵重的珍珠是夜光珠。北宋词人米芾在《蝶恋花》中写道："夜光一颗千金贵。"可见夜光珠的确是稀世珍宝，价值连城。古代志怪小说《拾遗记》说，大禹治水的时候，在龙门山的一个山洞里发现了一头像猪一样的野兽，野兽的嘴巴里含有一颗"夜明之珠"，闪闪发亮。东晋历史学家干宝写的志怪小说《搜神记》里，也有一个关于夜光珠的故事，说的是春秋时期隋国国君隋侯为一条大蛇疗伤，大蛇为了报答隋侯的救命之恩，就从江水之中用嘴巴衔来一颗珍珠送给隋侯。这颗珍珠"夜有光明，如日月之照"，可以照亮整个房子。"隋侯之珠"的典故就是从这个神话传说而来的，比喻珍贵的物品，或者称赞有智慧、有才能的人。

李果和柰果，味道都很鲜美，因此说"果珍李柰"。在古诗词中，常有李、柰出现，这说明李果和柰果在日常生活以及人际交往中的地位。比如我国先秦诗歌总集《诗经》中的句子"投我以桃，报之以李"，唐代诗人吴筠的诗句"千年紫柰熟，四劫灵瓜丰"，唐代诗人韩偓的诗句"素姿凌白柰，圆颊消红梨"，北宋学者晁补之的词"竹风荷雨来消暑，玉李冰瓜可疗饥"，北宋诗人王禹偁的诗句"升筵参李柰，入市附樵薪"，等等。李果和柰果除了有食用价值，还有药用价值。明代医学家李时珍在《本草纲目》中写道，李果"肝病人宜食"，李果的核仁有"利小肠，下水气，消浮肿"的功效；柰果则可以"补中焦诸不足气，和脾。……益心气，耐饥"。

芥菜和生姜是上好的食材，因此说"菜重芥姜"。我国古代先民很早就认识到了芥和姜的食用以及药用价值。成书于东汉时期的《神农本草经》中写道，"芥味辛，除肾邪，利九窍，明耳目"；"姜味辛，通神明，去臭气"。儒家经典《论语》中说孔子吃饭的时候"不撤姜食"，这既是调和味道，也是养生保健。清代学者李渔在《闲情偶寄》中写道，他餐餐都要吃芥辣汁，因为吃芥辣汁就像遇到了正人君子，听到了正直的言论，可以振奋精神，消除胸中的闷气。在李渔看来，这和孔子"不撤姜食"的道理是相通的，实在是"食中之爽味也"。

海水是咸的，河水是淡的，因此说"海咸河淡"。鱼儿在水中游，鸟儿在天上飞，因此说"鳞潜羽翔"。这些都是非常普通的自然常识和自然现象，但作者周兴嗣只用了八个字，就把它们描绘得如诗如画，跃然纸上，可谓惜墨如金，却又气象万千。

《三字经》说："三才者，天地人。"从总体来看，《千字文》正是按照天、地、人这三个部分来布局谋篇的。"天地玄黄，宇宙洪荒。日月盈昃，辰宿列张。寒来暑往，秋收冬藏。闰余成岁，律吕调阳。云腾致雨，露结为霜。"这一部分说的是"天时"。由此而下，笔锋一转，进入"地利"的部分："金生丽水，玉出昆冈。剑号巨阙，珠称夜光。果珍李柰，菜重芥姜。海咸河淡，鳞潜羽翔。"金、玉、剑、珠、果、菜、鳞、羽，并非我国物产的全部，但经过作者精练的铺陈，读来朗朗上口，铿锵有力，波澜壮阔，气势恢宏，展现了泱泱华夏的地大物博，天宝物华。如果对生于斯、长于斯的家国故土没有深深的眷恋之情，是写不出这样动人心弦的文字的。《千字文》历经千百年风雨依然回响不绝，原因正在于此。

主要参考书目

本书不是学术著作，而是具有科普性质的随笔作品，为了行文的流畅，省去了烦琐的书目征引。兹将主要参考书目罗列如下，以免有掠美之嫌。

1.《说文解字注》，［汉］许慎撰，［清］段玉裁注，［当代］许惟贤整理，中华书局 2015 年 7 月第 2 版。

2.《细说汉字——1000 个汉字的起源与演变》，左民安著，九州出版社，2005 年 3 月第 1 版。

3.《汉字演变五百例》，李乐毅著，北京语言大学出版社，2014 年 1 月第 2 版。

4.《汉字演变五百例续编》，李乐毅著，北京语言大学出版社，2015 年 1 月第 2 版。

5.《汉字源流字典》，谷衍奎编，语文出版社，2008 年 1 月第 1 版。

6.《图解汉字起源》，王祥之著，北京大学出版社，2009 年 10 月第 1 版。

7.《基础汉字形义释源——〈说文〉部首今读本义》（修订本），邹晓丽编著，中华书局，2007 年 8 月第 1 版。

8.《常用字解》，［日］白川静著，苏冰译，九州出版社，2010 年 10 月第 1 版。

9.《甲骨文字典》，王本兴编著，北京工艺美术出版社，2014 年 1 月第 2 版。

10.《金文字典》，王本兴编著，北京工艺美术出版社，2016 年 1 月第 1 版。

11.《汉语古文字字形表》，徐中舒主编，中华书局，2010 年 10 月第 1 版。

12.《商金文编》，严志斌编著，中国社会科学出版社，2016 年 9 月第 1 版。

13.《学解〈千字文〉》，寿大本著，中国书店，2014年10月第1版。

14.《千字文》，冯国超译注，商务印书馆，2017年11月第1版。

15.《〈千字文〉读本》，罗容海编著，中国人民大学出版社，2016年9月第1版。

16.《千字文》，孔庆东编，吉林出版集团股份有限公司，2018年9月第1版。

17.《〈千字文〉注译本》，檀作文注译，南海出版公司，2016年8月第1版。

18.《千古奇文千字文》，周汝昌宣义，田蕴章真书，周建临整理，天津大学出版社，2011年5月第1版。